W0110307

Matthias Nöllke

Der gut gelaunte Pessimist

Knaur

Matthias Nöllke

Der gut gelaunte Pessimist

Wie man grundlos glücklich wird

www.knaur-ratgeber.de

Bibliografische Information der Deutschen Nationalbibliothek
Die Deutsche Nationalbibliothek verzeichnet diese Publikation in der Deutschen Nationalbibliografie; detaillierte bibliografische Daten sind im Internet über http://dnb.d-nb.de abrufbar.

Coverillustration und Innenillustration: Gettyimages / Art Glazer
Autorenfoto: Matthias Nöllke

Projektleitung: Caroline Colsman
Redaktion: Annette Barth, Hamburg
Bildredaktion: Sylvie Busche (Ltg.), Markus Röleke
Herstellung und Layout: Veronika Preisler
Satz: Adobe InDesign im Verlag
Umschlaggestaltung: griesbeckdesign, München
Druck und Bindung: CPI – Ebner & Spiegel, Ulm

Printed in Germany

ISBN 978-3-426-64935-0

5 4 3 2 1

Bitte besuchen Sie uns auch im Internet unter der Adresse:
www.knaur-ratgeber.de

Einleitung

»Pessimisten sind Optimisten mit Erfahrung«, sagt ein altes Sprichwort. Denn leider gehen viele Dinge nicht ganz so gut, wie wir das gerne hätten. Haben wir einen wichtigen Termin, geraten wir unversehens in einen Stau, oder der Bus fährt uns vor der Nase weg. Unmittelbar vor einem Börsencrash lösen wir unser Sparbuch auf und kaufen einen Schwung vielversprechender Aktien. Denn das hat der Bankberater empfohlen, und der Mann ist ja schließlich vom Fach. Treten wir unseren wohlverdienten Jahresurlaub in Italien an, setzt sich dort ein ausgedehntes Tief mit vielen dunklen Regenwolken fest, während in Deutschland die Sonne scheint. Und unsere neue Vorgesetzte hat einen hochtalentierten Schwager, der gerade dringend einen Job sucht. Zufällig hat er genau die gleiche Qualifikation wie wir.

Sagen wir es doch einmal offen: Das Leben läuft nicht so glatt. Sehr viel geht schief. Eigentlich das meiste, um nicht zu sagen: fast alles, wenn man nur lange genug abwartet. »Langfristig sind wir alle tot«, bemerkte schon der Ökonom John Maynard Keynes. Die Lösungen von heute sind die Probleme von morgen. Und die Probleme von heute sind nichts im Vergleich zu den Katastrophen, die uns bevorstehen und die noch jedes Mal ohne Vorwarnung über die Menschen hereingebrochen sind.

Es gibt also allen Grund schwarzzusehen. Im Kleinen und erst recht im Großen. Denken Sie nur mal an all die abschmelzenden Polkappen und aufreißenden Ozonlöcher, die immer wieder kollabierende Weltwirtschaft, an die aussterbenden Eisbären, Königstiger und Knoblauchkröten, an die Schweinegrippe, die Korruption, den Mangel an akzeptablen Umgangsformen und Bioeiern, an Mobbing, Burn-out und Doping, drei Plagen, die bereits an der Grundschule beginnen, an Zahnschmerzen, an die grassierende Fettleibigkeit, vor allem in der U-Bahn zur Hauptverkehrszeit, an Gammelfleisch, die PISA-Studie und den unaufhaltsamen Niedergang des deutschen ____________ (hier bitte ein Thema Ihrer Wahl einfügen).

Wird schon schiefgehen!

In dieser schwierigen Lage bieten sich Lebensberater und Mentaltrainer an und versuchen uns einzureden: Alles halb so schlimm. Machen Sie sich mal keine Sorgen. Wir Menschen sind auf den Mond geflogen, also werden wir auch mit diesen Kleinigkeiten fertig. Man muss optimistisch in die Zukunft blicken. Wenn etwas nicht klappt, dann liegt das daran, dass wir falsch gedacht haben. Als lebenserfahrene Pessimisten haben wir insgeheim schon damit gerechnet, dass die Sache schiefgeht – also, kein Wunder, dass genau das eingetreten ist. Wer Erfolg haben will, der muss sich auf Erfolg »programmieren«. Und das bedeutet: Reden Sie sich ein, dass Sie es schaffen. Egal was. Auch das »Unmögliche«. Dann werden Sie es erreichen. Und wenn Sie es nicht erreichen, dann schwirrten sicher noch ein paar schädliche Restzweifel in Ihrem Kopf herum, Sie Versager.

Mit diesem abgestandenen Unfug aufzuräumen und an seine Stelle einen zeitgemäßen, gut gelaunten Pessimismus zu setzen, das ist die erklärte Absicht dieses Buchs. Denn schauen wir uns doch nur unsere Mitmenschen an: Wer bringt denn nichts zustande? Wer blamiert sich, fällt mit Pauken und Trompeten durch Prüfungen, fährt guten Gewissens den Karren immer tiefer in den Dreck? Die notorischen Pessimisten? Natürlich nicht, vielmehr sind es diejenigen, die fest davon überzeugt sind, dass sowieso alles gutgehen wird. Und die sich das nie und nimmer ausreden lassen, bis sie sich selbst, ihre Familie, ihre Firma, ihr Land oder den Erdball restlos ruiniert haben.

Auf der anderen Seite gibt es jede Menge Menschen, die außerordentlich viel erreichen und gerade nicht damit rechnen, dass ihnen das gelingt. Zum einen, weil Erfolg bis zu einem gewissen Grade Glückssache ist, zum andern, weil Pessimismus viel eher eine Gewinnerstrategie ist als Optimismus. Vielleicht kennen Sie das noch aus der Schulzeit: Wer heimste denn immer die guten Noten ein und bestand die härtesten Prüfungen? Richtig, es waren diejenigen, die vorher so gründlich gelernt hatten wie keiner und die sich immer noch einredeten, sie könnten durchfallen. Die waren durch ihren Pessimismus so geimpft, dass sie auf die schwierigsten Fragen vorbereitet waren. Während diejenigen, die aus irgendeinem Grund zu der Ansicht neigten, sie würden »das Unmögliche« schaffen, nämlich ohne den Schimmer einer Ahnung die Prüfung bestehen, gewöhnlich abschmierten und man nichts mehr von ihnen hört, wenn sie nicht gerade als Hauptdarsteller in einer Folge der RTL-Serie »Raus aus der Schuldenfalle« auftreten.

Der gut gelaunte Pessimismus als Lebenshaltung

Mit einem Wort: Es ist der Pessimismus, der uns weiterhilft. Wohlverstanden: der gut gelaunte Pessimismus. Es ist ja ein völliges Missverständnis zu glauben, Pessimisten müssten mürrische Spielverderber sein, die sich selbst nicht leiden können und ein wenig streng riechen. Die gibt es natürlich auch. Aber es gibt ja schließlich auch Optimisten, die ihre Körperpflege vernachlässigen. Das sind dann diejenigen, die glauben, dass es niemandem auffällt. In jedem Fall vertragen sich Pessimismus und Vergnügen viel besser, als mancher glauben mag. Ja, diese Kombination erscheint besonders geeignet, in einem Leben zurechtzukommen, das eben nicht nur Sonnenseiten hat. Ein Leben, in dem auch die kleinsten Zwerge in der Lage sind, imposante Schatten zu werfen. In dieser Situation hilft eine gute Portion Pessimismus, der sich seine Laune nicht verderben lässt. Diese Art von Pessimismus ist keine Strategie zum Erfolg, sondern eine Lebenshaltung. Gut gelaunte Pessimisten sind keine erfolgshungrigen Egomanen, es sind lebenskluge Mitmenschen, denen nur allzu bewusst ist, dass auch die anderen nicht so grandios durchs Leben kommen. Auch wenn sie alles daransetzen, sich selbst und ihren Mitmenschen genau das vorzumachen.

Kurz gesagt, unser Buch will für den Pessimismus eine Lanze brechen. Es will all die Pessimisten (von denen es mehr gibt, als man glauben mag) bestärken und ihnen zurufen: »Lasst euch euren Pessimismus nicht madigmachen! Es ist nichts, wofür ihr euch schämen müsstet. Ganz im Gegenteil, habt den Mut, euch eures eigenen Pessimismus zu bedienen. Und habt Spaß dabei!«

München, im Mai 2009
Matthias Nöllke

P

Pessimisten brauchen einen Regenschirm (oder auch zwei)

Was ist ein gut gelaunter Pessimist? Warum hat er überhaupt gute Laune, wenn so vieles nicht klappt? Lernen Sie eine entspannte Lebenshaltung kennen und erfahren Sie mehr über die Kraft der zwei Regenschirme.

Sind Sie ein Pessimist? Darf ich Ihnen schon mal die rostige Clubnadel für langjährige Mitgliedschaft anheften? Oder sind Sie eher so ein Mischcharakter: Bei allem, was Sie selbst betrifft, optimistisch, aber im Großen und Ganzen sehen Sie eher schwarz? Oder sind Sie mal optimistisch, mal pessimistisch, je nachdem, wie die Sache später ausgeht? Oder gehören Sie gar zu den Optimisten und haben sich hier in die Pessimistenparty eingeschlichen, weil Sie es bei den Optimisten nicht mehr ausgehalten haben, die Ihnen mit ihren ewigen »Erfolgsgeschichten« auf die Nerven gegangen sind? Wie auch immer, Sie sind herzlich willkommen. Ich freue mich, dass Sie diese Zeilen lesen. Denn dieses Buch liegt mir schon lange auf dem Herzen. Pessimismus plus Lebensfreude, das passt sehr gut zusammen, finde ich.

Ja, eigentlich ist es die einzige akzeptable Art, durchs Leben zu gehen, wenn man mit einem derartigen Naturell gesegnet ist (jetzt unterstelle ich mal, Sie gehören zumindest zu den Teilzeitpessimisten, die andern dürfen schon mal zum nächsten Abschnitt vorgehen). Durch die rosarote Brille zu schauen, das ist uns eine zu alberne Verkleidung. Wir können einfach nicht anders als ehrlich feststellen: Wie es so zugeht im Leben, damit sind wir häufig nicht einverstanden. Das meiste läuft nicht gut. Und für die meisten läuft es nicht gut. Wir würden uns wünschen, dass es nicht so viel Leid und Dummheit und Ungerechtigkeit gäbe. Wobei uns nur allzu klar ist, dass wir selbst unseren Beitrag leisten, um den täglichen Jumbobecher voll Leid, Dummheit und Ungerechtigkeit zu füllen.

»Die Poesie des Pessimismus ist die Lebensfreude.« – Frank Wedekind

Zugleich aber geht es darum, nicht im Trübsinn zu versinken. Auch wenn sehr viel schiefgeht und wir alle mehr durchs Leben stolpern als stolzieren. Und am Ende mehr kriechen als zum krönenden Abschluss kommen. Nein, das Leben ist nicht tragisch, sondern komisch. Sehr komisch sogar. Und zwar in der doppelten Bedeutung des Wortes: Es ist seltsam und zum Lachen. Nicht überraschend daher, dass der Sinn für Komik weit eher im Pessimismus zu Hause ist als im Optimismus. Komik ist der Versuch, mit den Schrecklichkeiten des Lebens fertig zu werden, ohne zu verzweifeln. Wenn das Leben schon eine so missratene Veranstaltung ist, dann lasst uns zumindest unseren Spaß haben. Wie bei einer Feier, die richtig schön werden sollte, bei der aber nichts gelingt wie geplant und die Stimmung irgendwann umkippt und man aus dem Lachen nicht mehr herauskommt. Das ist ein befreites Lachen. Und das stellt sich nur ein, wenn man über die Unannehmlichkeiten nicht hinwegsieht, sondern sie in besonders grellen Farben malt. Wenn Sie das nicht glauben, schauen Sie sich einmal eine gute Komödie daraufhin an, was da eigentlich passiert. Häufig sind das ganz entsetzliche Dinge, die man niemandem wünscht. Es lässt sich fast eine Grundregel aufstellen: Je weniger schlimm die Vorfälle, desto seichter die Komödie. Wir kommen noch darauf zurück. Fürs Erste genügt der Hinweis: Natürlich können wir unser Leben meistern, ohne uns zerbrechen zu lassen. Das gelingt jedoch nicht, indem wir die Widrigkeiten beiseiteschieben oder einfach ignorieren. Wir sollten vielmehr mit vollen Händen in sie hineingreifen und anfangen mit ihnen zu spielen. Wie das geht, davon handelt dieses Buch.

Die Sache mit dem Regenschirm

Was unterscheidet einen gut gelaunten Pessimisten eigentlich von einem gut gelaunten Optimisten? Antworten Sie bitte nicht mit dem abgestandenen Beispiel vom Wasserglas, das der Optimist für halb voll hält und der Pessimist für halb leer. Auch als Pessimist halten Sie Gläser gelegentlich für halb voll. Zum Beispiel, wenn Sie Besuch haben, der einfach nicht gehen will (→ Seite 177 ff. »Der gut gelaunte Pessimist auf der Party«). Oder wenn Sie als Kellner damit rechnen, Ihrem Gast werde eher der Bart durch die Tischplatte wachsen, als dass er sein Mineralwasser endlich runterspült und seinen Platz für zahlungskräftiges Publikum freimacht, das die Champagnerkorken knallen lässt.

Am besten erzähle ich Ihnen jetzt die Geschichte von dem Regenschirm. Meinem Regenschirm. Dazu versetzen wir uns fünfzehn Jahre zurück. Damals hatte ich meine erste feste Stelle angetreten, von der ich noch nicht wusste, dass sie auch meine letzte feste Stelle sein würde. Meine Firma hatte für ihre Geschäftskunden eine kleine Wanderung organisiert, über ein, zwei sanft geschwungene Hügel zu einem Wirthaus und wieder zurück. Dr. E. war einer dieser Geschäftskunden, Vertriebsleiter eines blühenden Unternehmens, das im Unterschied zu vielen anderen blühenden Unternehmen dieser Zeit heute noch nicht verblüht ist. Anstelle seines eleganten Businessanzugs trug Dr. E. ein rustikales Wanderkostüm, als gelte es, den großen Watzmann zu ersteigen. Und als er mich erblickte, deutete er auf meinen Regenschirm und sagte fröhlich: »Na, es wird doch nicht regnen!« Und tadelnd fügt er hinzu: »Herr Nöllke, so kann ja nichts aus Ihnen werden!«

Der Optimist glaubt, dass es nicht regnen wird, weil er keinen Schirm dabeihat. Beim Pessimisten ist das genau andersherum.

Da haben Sie den gut gelaunten Optimisten. Wenn er sich etwas vornimmt, zum Beispiel trockenen Fußes über Wiesen und Auen zu wandeln, dann wird das auch klappen. Punkt. Egal, was die Isobaren und Isothermen dazu sagen und welche Pläne Sturmtief Gudrun für diesen Nachmittag hat. Nur daran zu denken, dass es anders kommen könnte, gefährdet die gute Laune und das gute Wetter. Mit einem Wort, der gut gelaunte Optimist ist davon überzeugt, dass es nicht regnet, solange er keinen Regenschirm bei sich hat.

Beim gut gelaunten Pessimisten ist das nun genau andersherum: Der glaubt, dass es nicht regnet, solange er einen Regenschirm bei sich hat. Darum schleppt er ihn mit. Je sperriger der Schirm, desto weniger wahrscheinlich sind die Niederschläge, meint er. Beide Wanderer sind also bester Laune, der eine, weil er keinen Schirm dabeihat, der andere, weil er einen hat.

Wer ist schuld, wenn es regnet?

So weit ist alles in Ordnung. Es steht eins zu eins. Doch nun setzen wir mal den Fall, es regnet trotzdem. Das kommt in unseren Breiten ja gelegentlich vor. Dann wird der Optimist nass und der Pessimist nicht. Was geschieht jetzt aber? Wird der Optimist zerknirscht zugeben: »Also gut, ich habe mich getäuscht, lieber Pessimist; in Zukunft folge ich deinem Beispiel«? Oh nein, das eben gerade nicht. Vielmehr wird er dem Pessimisten die Schuld dafür geben, dass es überhaupt regnet! Schließlich hat der ja einen Regenschirm dabei. Also, kein Wunder. Denn wie die Erfahrung lehrt: Wo Regenschirme sind, da regnet es! Und er nimmt sich vor, nie wieder mit diesen übervorsichtigen Bedenkenträgern zu wandern, vor denen die Sonne ihr Antlitz ja nicht ohne Grund verbirgt. Weil der gut gelaunte Pessimist das ahnt und es sich nicht mit dem gut gelaunten Optimisten verderben will, hat er gelegentlich noch einen zweiten Schirm dabei. Für den Optimisten. Oder falls der erste Schirm von einer Windböe erfasst wird und kaputtgeht. Man kann ja nie wissen.

Aber was macht der Optimist, wenn er alleine unterwegs ist – und vom Regen überrascht wird? Oder wenn er in dieser Situation nur von Optimisten ohne Regenschirm umgeben ist? Dann wird er natürlich auch nass. Bis auf die Knochen. Doch wird er keiner Menschenseele davon erzählen. Und alle anderen durchnässten Optimisten ohne Schirm machen das ganz genauso.

Auf der erwähnten Wanderung mit Dr. E. hat es übrigens keinen Tropfen geregnet. »Natürlich nicht«, würde Dr. E. sagen, »ich hatte ja keinen Regenschirm dabei.« – »Natürlich nicht«, sagt der gut gelaunte Pessimist, »ich hatte ja meinen Regenschirm dabei.«

Die Mühlen des Pessimismus

Vergessen wir aber eines nicht: Dr. E. hat es nicht dabei bewenden lassen, mir zu versichern, mein Regenschirm sei überflüssig. Er hat nicht etwa gesagt: »Lieber Herr Nöllke, Sie brauchen Ihren Schirm nicht mitzunehmen. Es regnet sowieso nicht.« Nein, Dr. E. hat mir eine wenig glänzende berufliche Zukunft in Aussicht gestellt. »Aus Ihnen kann ja nichts werden«, hat er gesagt. Und warum? Weil ich zu den Leuten gehöre, die sich nicht freudig nassregnen lassen, wenn die günstige Prognose mal nicht stimmt. Lassen wir einmal den verächtlichen Tonfall auf uns wirken. Denn es ist eine betrübliche Tatsache, dass der Pessimismus gegenwärtig in keinem hohen Ansehen steht. Wenn ich Freunden oder weitläufigen Bekannten von diesem Buch hier erzähle, ernte ich nicht nur dankbare oder amüsierte Blicke. Manchen gefriert das Lächeln im Gesicht, als wollten sie sagen: Und was ist sein nächstes Projekt? Briefe mit Milzbranderregern verschicken?

Völlig zu Unrecht gelten wir Pessimisten als trübe Tassen, die nichts bewegen, sondern nur ausbremsen: Gute Ideen, kreative Sprünge, bahnbrechende Erkenntnisse. Dabei gerät völlig in Vergessenheit, dass gute Ideen, kreative Sprünge und bahnbrechende Erkenntnisse vor allem dann Bestand haben, wenn sie vorher gründlich durch die Mühlen des Pessimismus gedreht werden. Neuerungen scheitern nicht selten an einem Zuviel an Optimismus. Anstatt sie im pessimistischen Gegenlicht zu überprüfen, heißt es: »Das passt schon!« Das Ergebnis sind Flops, Fehlschläge und Katastrophen. Und für die wirklich guten Ideen (die der Pessimisten) ist dann kein Geld mehr da. Optimisten sind überzeugt, sie hätten die Lösung, und haben doch nur den Bauplan für ein neues Problem.

Optimisten glauben, sie hätten die Lösung, und haben doch nur den Bauplan für ein neues Problem.

Dieser Befund lässt sich wissenschaftlich unterfüttern: So haben australische Forscher um den Psychologen Joe Forgas den Effekt von Stimmungen auf Denken und Gedächtnisleistung untersucht. Ihr Ergebnis: In einer leicht negativen Stimmung denkt man besser. Bei Nieselregen sind wir schlauer als bei Sonnenschein. Denn dann, so die Forscher, richtet man größere Aufmerksamkeit auf die Umwelt und pflegt einen »vorsichtigeren, gründlicheren Denkstil«. Und sogar die Kreativitätsforschung spricht für einen gesunden Pessimismus. Wie die Psychologin Julie Norem berichtet, sind Menschen in Hochstimmung zwar in der Lage, jede Menge kreative Ideen auszuspucken. Die meisten davon sind jedoch nicht zu gebrauchen. Ist die Stimmung weniger euphorisch, kommen bei weitem nicht so viele Ideen zusammen, dafür sind diese aber »ausführbar«. Nun leiden wir wohl weniger an einem Mangel an verrückten, unbrauchbaren Ideen als an einem Überfluss daran. Während es vielleicht nicht das Unvernünftigste wäre, der »ausführbaren« Idee eines Pessimisten den Vorzug zu geben. Dennoch hält sich hartnäckig das Gerücht, die Optimisten würden uns weiterbringen, während die Pessimisten der positiven Entwicklung der Dinge im Wege stehen. »Sei doch nicht so pessimistisch!« Welcher Pessimist hat diese Ermahnung nicht schon tausendfach gehört? Während sich kaum ein Optimist jemals dem Vorwurf ausgesetzt sieht: »Jetzt sei doch nicht so optimistisch!«

Das ist zutiefst ungerecht. Denn es sollte eher andersherum laufen. Angesichts der zahllosen Fehlschläge in allen Bereichen des Lebens sollte blütenweißer Optimismus reflexartig Argwohn hervorrufen. Den Pessimisten sollte man hingegen dankbar sein, weil sie nicht jeder unausgegorenen Idee hinterherlaufen, sondern sie in ihren Mühlen zermahlen. Es ist gar nicht zu ermessen, wie viel Schaden sie von der Menschheit abgewendet haben, als sie die tollkühnen Ideen der Turbo-Optimisten durch beherzte Nörgelei zu Fall brachten oder besser noch: der Lächerlichkeit preisgaben. Hätten wir uns auf all diese halbgaren Projekte eingelassen, wären wir vermutlich schon lange ausgestorben. Kurz gesagt, Misstrauen ist eher bei den Optimisten am Platz als bei den Pessimisten.

Auf dem Wege der Besserung verstorben

Was die Sache verschlimmert: Die Optimisten begreifen meist gar nicht, was die Pessimisten ihnen eigentlich sagen wollen. Darum, liebe Optimisten, hört gut zu: Ein Pessimist rechnet *grundsätzlich* damit, dass die Dinge schiefgehen. Dies hält ihn jedoch nicht unbedingt davon ab, die betreffende Sache anzugehen. Im Gegenteil, er kann sich erst dann so richtig auf seine Aufgabe konzentrieren, wenn er sie schon mal pessimistisch durchgerechnet hat: Die Kollegen werden ihn hängenlassen, der Chef wird schlechte Laune haben, sein E-Mail-Programm wird sich nicht mehr starten lassen, seit dem Monatsanfang gelten neue Gesetze, die niemand kennt, der Kunde springt ab oder meldet Insolvenz an, er selbst wird von einer Wespe in die Lippe gestochen, der Stadtplan stimmt nicht mehr oder ist von einer ganz anderen Stadt, die so ähnlich heißt, sein Auto wird gestohlen – es wird ganz furchtbar und die Sache geht sowieso schief, also packen wir es an. Kann der Pessimist hingegen kein überzeugendes Schreckensszenario entwerfen, fehlt ihm etwas. Ja, es wird ihm ein wenig mulmig zumute. Was für

Gefahren mögen da denn lauern? Welche Ungeheuer halten sich noch im Gebüsch versteckt? Wer will uns da in Sicherheit wiegen, um uns hinterrücks zu überfallen?

Ein Pessimist fühlt sich erst wohl, wenn er seine Aufgabe schon mal pessimistisch durchgerechnet hat.

Der Optimist hingegen findet überall nur Bestätigung: Wir befinden uns in einer schlimmen Krise? Großartig, jetzt gilt es, die Chance zu nutzen und die Weichen zum Erfolg zu stellen. Unser wichtigster Kunde ist pleite? Phantastisch, jetzt gehen wir die richtig großen Fische an. Meine Kreditkarte ist gesperrt? Endlich, Kreditkarten verleiten sowieso nur zum Schuldenmachen. Auf den Gipfelpunkt positiven Denkens bin ich kürzlich bei einer Todesanzeige gestoßen. Dort hieß es, der Betreffende sei »auf dem Wege der Besserung verstorben«. Das ist ein würdiger Optimistentod.

Natürlich macht auch ein Pessimist hin und wieder die Erfahrung, dass ihm etwas gelingt. Wie wir ab Seite 123 näher ausführen werden, ist dies erstaunlich oft der Fall. Und das hebt beim Pessimisten selbstverständlich auch die Laune. Doch darf so etwas einen Pessimisten niemals zu der Annahme verleiten, die betreffende Sache werde auch ein zweites Mal glücken. Oder gar ein drittes Mal. Denn erstens haben sich bis dahin sämtliche Bedingungen geändert, denen dieser Erfolg zu verdanken war. Zweitens hatte sowieso der Zufall seine Hand im Spiel. Und drittens würde der Pessimist ja aufhören, ein Pessimist zu sein, wenn er sich jetzt plötzlich einreden würde: Alles wird gut.

Blicken wir hingegen ins Lager der Optimisten: Kaum geht eine Sache mal gut, kann sich so ein Optimist nicht einfach an diesem glücklichen Zufall erfreuen. Wie zum Beispiel ein gut gelaunter Pessimist. Nein, er muss dieses Ereignis auf die unangenehmste Art und Weise für sich ausschlachten. »Seht her, ich habe es doch gleich gesagt«, verkündet der gut gelaunte Optimist gegenüber den Pessimisten, deren Laune sich allmählich eintrübt.

»Und ihr habt nicht daran geglaubt, ihr Miesmacher!« Und dann lässt sich der Optimist feiern, als Erfolgsmensch, als Wettermacher, als Visionär.

Optimisten und das positive Denken

Ich habe eben zwei Begriffe vermengt, die man eigentlich getrennt halten sollte: Optimismus und positives Denken. Optimisten sind eigentlich gar nicht so schlimm. Ja, manchmal sind es ganz angenehme Leute, vor allem wenn man sie mit denen vergleicht, die sich dem »positiven Denken« verschrieben haben. Optimisten sind sonnige Gemüter, optimistisch von ihrem Naturell her. Das sollte man ihnen also nicht zum Vorwurf machen, sondern einfach respektieren. Genauso wenig wie man einen Linkshänder für seine Linkshändigkeit kritisieren oder gar umerziehen sollte. Manche schreiben mit links, manche schreiben mit rechts. Jeder auf seine Art. Hauptsache, man kann es lesen. Und wenn nicht, dann ist meistens auch egal. Was aber das positive Denken betrifft, so handelt es sich um eine Methode, die im Prinzip von jedermann und jeder Frau eingesetzt werden kann – auch und gerade von verkappten Pessimisten (die aber gewiss nicht zu den gut gelaunten zu rechnen sind). Ziel des positiven Denkens ist der Erfolg. An den muss man fest glauben, ihn sich in Bildern möglichst lebendig ausmalen und sich jeden Tag vor und nach den Mahlzeiten einhämmern: »Ich will und werde es schaffen.« Und dann klappt es auch, wird einem weisgemacht. Egal, was du dir vornimmst. Wenn es dann doch nicht klappt, was meist der Fall ist, schnappt die Falle richtig zu. Denn versagt hat nicht etwa die völlig unzulängliche Methode, sondern du hast es dir selbst zuzuschreiben. Du hast es nicht »wirklich« gewollt und »nicht alles gegeben«. Anstatt die Methode in Zukunft mit spitzen Fingern anzufassen, gibst du nun erst so richtig Gas – und fährst dich gegen die Wand.

Aber sogar wenn der erhoffte Erfolg für eine Weile eintritt, sind die Folgen schauderhaft: Ganz normale Menschen verwandeln sich in abstoßende Erfolgszombies, die sich selbst und ihre Umgebung drangsalieren. Sie legen alles Liebenswerte, Lässige, Lustige ab und lassen sich zu größenwahnsinnigen Egomanen abrichten. Selten passt der Begriff »Gehirnwäsche« so gut wie hier: Alle unreinen, schwarzen Gedanken, alle Unsicherheit und jeder Selbstzweifel werden ausgewaschen. Das Ergebnis ist ein erfolgshungriger Kampfhund in Menschengestalt, der zumindest eines ganz sicher erreicht: dass er seinen Mitmenschen gehörig auf den Wecker geht. Gut gelaunter Pessimismus ist nun geradewegs das Gegenteil davon. Ein gut gelaunter Pessimist stürzt sich nicht zwanghaft auf irgendein »Projekt« oder eine »Vision«, um sich darin zu verbeißen. Er ist viel zu lebensklug, um sein Glück von Dingen abhängig zu machen, die ohnehin früher oder später den Bach runtergehen. Das hindert ihn keineswegs daran, sich ein Ziel zu setzen und mit Beharrlichkeit, ja Bockigkeit darauf hinzuarbeiten. Dabei ist ihm jedoch bewusst: Was immer er sich vornimmt, kann auch scheitern. Oft genug tut es das auch. Und das hängt nicht allein von ihm selbst ab. Die Kunst besteht darin, sich von den unvermeidlichen Rückschlägen nicht entmutigen zu lassen. Auch das unterscheidet einen gut gelaunten von einem weniger gut gelaunten Pessimisten.

Rückschläge sind unausweichlich. Die Kunst besteht darin, sich nicht von ihnen entmutigen zu lassen.

Im Normalfall unvermeidlich: Plan B

Im Unterschied zu seinen optimistischen oder positiv denkenden Mitmenschen hat auch der bockigste unter den gut gelaunten

Pessimisten immer einen Plan B in der Tasche. Das ergibt sich einfach aus der Tatsache, dass Plan A ohnehin versagt. In den Irak einzumarschieren, um dort unter dem Jubel der Bevölkerung die Demokratie einzuführen, dabei nicht zu überlegen, wie man da wieder herauskommt, wenn es nicht so gut läuft – einem Pessimisten wäre so etwas nicht passiert.

Der Plan B gehört zum gut gelaunten Pessimisten wie die Mörtelpfanne zum Maurer und das Winkeleisen zum Zimmermann. Es geht nicht ohne. Für einen gut gelaunten Pessimisten ist Plan B eigentlich noch wichtiger als Plan A. Ja, in manchen Fällen handelt es sich bei dem sogenannten Plan B um den eigentlichen Plan A. Dann wird Plan A überhaupt nur deswegen geschmiedet, *damit* Plan B zum Tragen kommt. Das ist freilich nicht ganz ungefährlich. Denn wer allzu sehr darauf spekuliert, dass Plan A scheitert, der erlebt unter Umständen eine böse Überraschung. Womöglich werden Sie auf der Schauspielschule angenommen und können Ihren Traum, Steuerberater oder Friseur zu werden, erst einmal auf Eis legen.

Plan A wird nur geschmiedet, damit Plan B zum Tragen kommt.

Hartgesottenen Pessimisten reicht ein Plan B nicht aus. Sie halten für alle Fälle noch einen Plan C bereit, manche auch Plan D, E, F, G, H, I oder sogar J. Allerdings muss man sagen, dass sich bereits beim Buchstaben D der Effekt umkehrt. Wer sich zu schnell von seinen Plänen verabschiedet, braucht eigentlich gar keine mehr zu machen. Außerdem verfügt ein gut gelaunter Pessimist in hohem Maße über eine Eigenschaft, die von den Psychologen »Resilienz« genannt wird. Dahinter steckt die Fähigkeit, Enttäuschungen, Niederlagen und Misserfolge wegzustecken. Da für einen gut gelaunten Pessimisten das Scheitern nichts Ungewöhnliches ist, bleibt er häufig länger am Ball als andere. Nicht zuletzt auch weil er keine übertriebenen Hoffnungen hat, dass ihm an anderer Stelle Enttäuschungen, Niederlagen und Misserfolge erspart bleiben. Ganz im Sinne des großen Pessimisten Ambrose Bierce, der in seinem »Wörterbuch des Teufels« unter dem Stichwort »anders« notierte: »Auch nicht besser.« Und doch hält sich der gut gelaunte Pessimist mit dem Plan B immer eine beruhigende Hintertür offen. Auch wenn er sie nicht benutzt. Denn eines ist gewiss: Wenn Plan B zu Plan A wird, dann muss natürlich ein neuer Plan B aufgestellt werden.

Die Tafeln der ertrunkenen Schiffbrüchigen

Von solchen umständlichen Manövern hält Stefan F., ein Bekannter von mir, nicht viel. Er hat sich einer Spielart des positiven Denkens verschrieben, die auch auf gut gelaunte Pessimisten Eindruck machen dürfte. Von sich selbst behauptet F. nämlich, dass er in »Deltawellen« denken kann. Angeblich hat er seine Hirnströme während einer Meditationsübung messen lassen (wer macht eigentlich so was? Alternative Barfußhirnforscher vielleicht?). Und dabei kam heraus, dass er auf einer äußert niedrigen Frequenz meditiert. Zwischen Erleuchtung und Hirntod sozusagen. Was sonst nur Feuerläufer, Fakire und fernöstliche Mönche fertigbringen. Kein Wunder also, dass F. überzeugt ist, auch alles andere spielend zu erreichen. Wie zum Beispiel einen Bestseller zu schreiben. F. weiß schon, was er in der ersten Talkshow sagen wird, zu der er eingeladen wird (das wird natürlich nicht ausgeplaudert). Und eine Idee für das Buch gibt es auch schon: F. verrät dem Leser, wie man »alles erreichen« kann. In mein skeptisches Gesicht hinein erklärte er: »Ich weiß, da gibt es schon eine ganze Menge Bücher zu dem Thema. Aber bei meinem Buch gibt es einen großen Unterschied ...« Er machte eine bedeutsame Pause und sagte lächelnd: »Es funktioniert. Es funktioniert wirklich.«

Ich ahnte, dass dies etwas mit den Deltawellen zu tun haben

musste, und wechselte das Thema. Stefan F. ist aber auch schwer zu stoppen. Immer wenn ich ihn sehe, bekomme ich neue Erfolgsgeschichten zu hören. Abgesehen davon, ist er eigentlich ein netter Kerl. Vor allem denke ich mir: Wenn er wirklich weiß, wie man »alles erreichen« kann, dann sind seine Ansprüche sympathisch bescheiden geblieben. Aber das ist ja bei den Fakiren und Feuerläufern auch nicht anders. Was mich allerdings immer wieder erstaunt: Er ist einfach nicht von der Überzeugung abzubringen, dass ich im Grunde der gleichen Ansicht bin wie er. Doch zurück zu den Erfolgsgeschichten, die Stefan F. und viele Adepten des »positiven Denkens« immer wieder gerne erzählen. Was soll man als gut gelaunter Pessimist dazu sagen? Manche Mitmenschen geben auch »Bestellungen beim Universum« auf, von denen sie behaupten, dass sie »immer eintreffen«. Wenn nur ein Körnchen Wahrheit daran ist, dann müssen diese Leute ziemliche Mistkerle sein. Oder wer hat die ganzen Bürgerkriege, Tsunamis, Erdbeben, Waldbrände, Grippewellen, Unternehmenspleiten und so weiter bestellt? Natürlich gehen auch mal Wünsche in Erfüllung. Ob das in jedem Fall so günstig für uns ist, mag dahingestellt sein. Von Oscar Wilde stammt der Satz: »Wenn die Götter uns strafen wollen, dann erhören sie unsere Gebete.«

Natürlich gehen auch mal Wünsche in Erfüllung. Doch ob das so günstig für uns ist?

Da jetzt schon von den Göttern die Rede ist, müssen wir hier Diagoras von Melos ins Spiel bringen. Ein alter Grieche, der Ende des fünften vorchristlichen Jahrhunderts in Athen lebte und sich dort ziemlich unbeliebt machte, weil er den Göttern nicht mit dem nötigen Respekt begegnete. Einmal soll er zum Kochen eine hölzerne Götterstatue verheizt haben, weil er kein anderes Brennholz finden konnte. Und überhaupt glaubte er nicht, dass die Menschen von den Göttern Hilfe erwarten konnten. Daher nahm ihn ein Freund einmal mit an die Küste. Dort zeigte er ihm die

Votivtafeln von Menschen, die aus Seenot errettet worden waren und dafür den Göttern dankten. »Erkennst du nun, dass sich die Götter sehr wohl um die Menschen kümmern?« – »Keineswegs«, entgegnete Diagoras, »denn wo sind die Tafeln von den Menschen, die in Seenot geraten und ertrunken sind?«

So ist es auch mit dem positiven Denken: Wenn uns einer mit so einer Geschichte kommt, die er mit Mühe und Not auf »Erfolg« hingebogen hat, dürfen wir die armen Existenzen nicht vergessen, die mit dieser Methode gekentert sind. Sie laufen eben nicht durch die Gegend, um jedem davon zu erzählen.

Die Kehrseite der Erfolgsgeschichten

Und was die Erfolgsgeschichten betrifft, so lohnt es sich, da mal ein wenig genauer hinzuschauen. Häufig sind die gar nicht so strahlend, wie sie von den Optimisten und professionellen Mutmachern immer hingestellt werden. Manchmal landen die vermeintlichen Helden im Graben, kaum dass sie um die Ecke gebogen sind. Oder sie offenbaren ziemlich fragwürdige Charakterzüge. So wird von dem legendären Henry Ford meist nur erzählt, dass er das Auto preiswert gemacht und seine Arbeiter gut bezahlt hat. »Autos kaufen keine Autos«, lautet sein vielzitiertes Statement, das gerade in diesen Tagen wieder einmal seine Richtigkeit erweist. In späteren Jahren brachte Ford allerdings sein Unternehmen an den Rand des Ruins. Seine Arbeiter ließ er durch eine eigene Geheimpolizei überwachen. Er war misstrauisch und starrsinnig geworden. Und seine Autos wurden nicht nur von Autos nicht gekauft, auch menschliche Käufer machten einen Bogen um die unförmigen, aber sehr teuren Modelle.

Das führt uns zu dem Punkt, dass sich die Helden bei näherer Betrachtung häufig als ziemlich fragwürdige Charaktere erweisen. Rücksichtslos wie Cäsar, von Ehrgeiz zerfressen wie Napoleon, selbstbezogen wie Goethe, jähzornig wie Beethoven oder Alexander der Große, nahe am Wahnsinn wie Leonardo da Vinci. Das ist eben der Preis dafür, wenn man Großartiges leistet, wird gelegentlich behauptet. Natürlich ist das Unsinn. Denn es gibt jede Menge fragwürdiger Charaktere, die nicht das Geringste zustande bringen, sondern höchstens ihre Mitmenschen ärgern.

Misserfolgsgeschichten verhageln die optimistische Bilanz.

Was jedoch ebenfalls nicht unter den Tisch fallen darf, ist die Tatsache, dass es im Schatten der Erfolgsgeschichten viele, viele Misserfolgsgeschichten gibt, die die optimistische Bilanz grausam verhageln. Nehmen wir nur die lehrreiche Geschichte von der Erfindung des Telefons, des gewinnbringendsten Patents aller Zeiten. Erfunden hat es nicht etwa der geschäftstüchtige Alexander Graham Bell. Eher schon der hessische Lehrer Johann Philipp Reis, der fünfzehn Jahre vor Bell seinen ersten Fernsprechapparat baute und die legendären Worte durch den Draht schickte: »Das Pferd frisst keinen Gurkensalat.« Das war es dann aber auch schon. Niemand interessierte sich so recht für diese seltsame Vorrichtung, und so verfolgte Reis die Sache nicht weiter, sondern erfand lieber die Inlineskates, wofür sich damals aber auch noch niemand begeistern konnte. Nach seinem Tod wurde ihm in seiner Heimatstadt Gelnhausen ein Denkmal gesetzt. Immerhin.

Pechvögel statt Helden

Nun könnte man natürlich sagen, Reis hatte das Unglück, seine Erfindung im Land der Nörgler und Bedenkenträger zu machen, ein Land, das sich nicht ohne Grund das »Land der Ideen« nennt. Denn hier wurden viele Dinge erfunden: der Buchdruck, die Chipkarte, der Fernseher, der Computer, das MP3-Dateiformat –

und woanders wird damit Geld verdient. Namentlich in den USA, heißt es. Doch hören Sie die Geschichte des unglücklichen Antonio Meucci, und urteilen Sie dann. Meucci war ein italienischer Revolutionär, im politischen Sinne. Nachdem er für einige Monate ins Gefängnis geworfen worden war, zog es Meucci vor, auszuwandern. Er ließ sich in New York nieder und baute einen Fernsprechapparat – sieben Jahre vor Reis. Dafür gab es einen praktischen Grund: Er wollte mit seiner Frau ständig in Verbindung bleiben. Die litt unter starkem Rheuma und konnte ihr Zimmer nicht mehr verlassen. Meucci entwickelte den Apparat weiter und wollte ihn zum Patent anmelden – ganze fünf Jahre vor Alexander Graham Bell. Doch es fehlte ihm das Geld. Er wurde krank, starb verarmt und verbittert, während sich Bell eine goldene Nase verdiente. Und das womöglich nur, weil er sich kurze Zeit nach Meuccis Erkrankung zufällig in der gleichen Werkstatt herumgetrieben hatte, wo noch einige Pläne und Gerätschaften von Meucci herumlagen. Und dann gab es noch einen Mann namens Elisha Gray, den heute auch niemand mehr kennt und der ebenfalls leer ausging. Gray entwickelte zur gleichen Zeit wie Bell ein Telefon und meldete es zum Patent an. Das wurde ihm jedoch nicht erteilt, weil Bell seinen Antrag ganze zwei Stunden vorher eingereicht hatte. Um genau zu sein: Bell hatte sich nicht einmal selbst zum Patentamt bemüht, sondern sein Schwiegervater.

Lauter Pechvögel und einer, der alles aberntet und als Held in die Geschichtsbücher eingeht. So geht das hier zu, auf Erden. Und damit wollen wir auf die gegenwärtige Situation zu sprechen kommen. Manche behaupten ja, wir befinden uns in einer tiefen schwarzen Krise, von der noch nicht abzusehen ist, wie tief und schwarz sie werden wird. Die Experten sind ratlos. Die Pessimisten auch. Doch zumindest haben sie das alles schon lange kommen sehen.

Gesetze der Krise

Meine Eltern waren der Ansicht, dass es die Angehörigen meiner Generation unvergleichlich gut getroffen hatten. Kein Krieg, keine Hungersnot und keine Nazis an der Regierung. Mit einem Wort, wir sind im Paradies aufgewachsen, mit Schlaghosen, ABBA, Militärparka, antiautoritären Lehrern, Fischstäbchen und der sozialliberalen Koalition. Aber seltsam, soweit ich mich überhaupt zurückerinnern kann, habe ich eigentlich immer in Krisenzeiten gelebt. Als Begriff hat wohl nur die »Ölkrise« überlebt – mit dem berüchtigten »Sonntagsfahrverbot«, das uns gerade einmal an vier Wochenenden leere Autobahnen bescherte. Aber es gab noch jede Menge anderer Krisen: Das Schulsystem war eigentlich schon damals am Ende, es herrschte »Lehrermangel« (der später von einer »Lehrerschwemme« abgelöst wurde, die wiederum übergangslos in einen Lehrermangel umschlug), es drohte Krieg (zumindest wurde das immer wieder beschworen), Atomraketen waren auf uns gerichtet, die »Rote Armee Fraktion« und verschiedene »revolutionäre Zellen« wollten unseren Staat zum Zusammenbruch bringen, es gab »Rockerbanden«, die mit Fahrradketten und Schusswaffen auf sich aufmerksam machten, ältere Leute, die in der Gastwirtschaft spätestens nach dem zweiten Bier die Nazizeit wieder herbeisehnten, und noch vieles mehr, das einem nicht gerade Mut machte. In meinem Jugendkalender las ich einen Artikel über die Luftverschmutzung, der mich davon überzeugte, dass in ein paar Jahren entweder alle Autos abgeschafft werden müssten oder wir alle sterben würden.

In den achtziger Jahren wandelte sich die Situation grundlegend. »No future« war nun die Devise. Die Zukunftsaussichten waren düster. Es gab Punks, Arbeitslosigkeit, Bürgerinitiativen, die uns vor dem »Atomstaat« retteten, andere warnten vor vergifteten Nahrungsmitteln, wieder andere vor der grassierenden

Faulheit und dem »Anspruchsdenken«, manche kleideten sich schwarz und hörten düstere Musik. »Pessimismus ist im Kommen«, sagte damals mein Erdkundelehrer. Immerhin das.

Auch die darauffolgenden Jahre und Jahrzehnte waren schlimme Krisenzeiten. Rückblickend ergibt sich dabei fast immer der Grundsatz: Je lauter in der betreffenden Krise geklagt wird, desto unbeschwerter erscheint sie den Beteiligten im Rückblick. Das trifft auf die 70er zu, eine Phase allgemeiner Empörung. Man empörte sich über »Gammler«, Studenten, die Ostpolitik, linke Studienräte, »Haschpartys«, aber auch über Kapitalisten, alte Nazis, Spießer, »Konsumterror«, »repressive Toleranz«, ja sogar über »die Gesellschaft« und das »Modediktat«.

Je lauter in der Krise geklagt wird, desto unbeschwerter erscheint die Zeit im Rückblick.

So gingen am 31. Juli 1970 in Dortmund zahlreiche Frauen im Minirock auf die Straße, um gegen die Einführung des »Maxilooks« zu protestieren.

Aber auch die seligen Zeiten der »New-Economy-Blase« um die Jahrtausendwende, als jedem, der sich mit dem Internet auskannte, das Geld nur so nachgeworfen wurde, waren eigentlich eher schrill, aufgeregt und hysterisch. Es wurde nicht nur das Hohelied des Wandels angestimmt, sondern jedem der sichere Untergang prophezeit, der da nicht mitziehen konnte. Chaos, Revolution, entfesselte Innovation, darauf hatte sich jeder einzustellen. Während auf der anderen Seite die Globalisierungsgegner das düstere Bild einer weltweiten »Brasilianisierung« entwarfen, mit einer zerbröselnden Mittelschicht, einer riesigen Unterschicht und einigen wenigen Superreichen, die sich hinter die hohen Mauern ihrer bewachten Wohnanlagen zurückziehen.

Und jetzt befinden wir uns erst recht in der Krise. So viel Krise war nie, könnte man sagen. Die Vorzeigeunternehmen von einst sind zu Problemfällen geworden. Es gibt eigentlich nur noch Problemfälle. Auch unsere öffentlichen Finanzen sind auf absehbare

Zeit ruiniert. Die Experten zeigen sich ratlos und scheinen überhaupt nur eines zu wissen: Es wird noch viel schlimmer kommen. Bezeichnenderweise ging dieser tiefen Krise eine kurze Phase voraus, in der die Experten einmütig verkündeten: Der Aufschwung in Deutschland ist da. Und er ist »robust«.

Was lernen wir daraus? Krise ist *eigentlich* immer. Besonders wenn es *eigentlich* ganz gut läuft, was man aber erst später merkt, wenn alles richtig schlecht geworden ist. Natürlich werden wir diese Krise überstehen. Das weiß auch der bestens gelaunte Pessimist. Und er weiß auch: Sobald eine Krise überstanden ist, wird sie augenblicklich durch eine neue Krise ersetzt. In diesem Zusammenhang hilft auch ein Grundsatz weiter, der in der Nachfolge von »Murphys Gesetz« entwickelt wurde. Murphys Gesetz ist Ihnen sicherlich vertraut. Es lautet: »Wenn etwas schiefgehen kann, geht es auch schief.« Diese Annahme reicht schon lange nicht mehr aus. Und deshalb gibt es »Chrisholms Erkenntnis«, die besagt: »Immer wenn es nicht mehr schlimmer werden kann, wird es noch schlimmer.«

Sobald eine Krise überstanden ist, wird sie augenblicklich durch eine neue Krise ersetzt.

Wo kommt eigentlich die gute Laune her?

Da stellt sich allmählich die Frage: Wenn alles schiefgeht und immer schlimmer wird, wieso sollte man dann überhaupt gut gelaunt sein? Wäre das nicht eher ein Grund, trübsinnig zu werden oder in »Deltawellen« (→ Seite 24) vor sich hinzudämmern? Die Antwort ist ein klares: »Ja nun gerade nicht.« Als gut gelaunte Pessimisten denken wir dialektisch. Je klarer wir uns eingestehen, dass die Veranstaltung hier nicht besonders gut läuft, desto mehr hebt das unsere Laune. Die Welt wird ja gerade nicht besser dadurch, dass wir sie uns schönreden. Im Gegenteil, dadurch fallen die realen Verhältnisse noch stärker ab. Wir müssen uns immer mehr anstrengen, uns und unseren Mitmenschen etwas vorzumachen. Und insgeheim, da verachten wir uns für unsere grenzenlose Verlogenheit.

Der pessimistische Blick hat hingegen etwas Befreiendes und etwas Entlastendes. Es ist, als würden wir zu einem Zauberstab greifen und die Welt neu sehen: Wie schäbig sie ist, wie niederträchtig, wie lächerlich, aber auch wie schön und wie liebenswert. Ja, auch das. Es lässt sich gar nicht verhindern. Dem gut gelaunten Pessimisten erschließt sich eine neue Sicht. Er entdeckt Schönheit dort, wo sie andere nicht sehen. Und er hat Sympathie für Menschen, die sich vielleicht selbst gar nicht so sympathisch finden, weil sie nämlich auch schäbig und niederträchtig sind. Wie wir alle. Wir sind nicht so großartig, wie sich manche aufführen. Keiner von uns. Das ist aber nichts Schlimmes. Sondern hat eher etwas Tröstliches. Im handschriftlichen Nachlass des Philosophen Immanuel Kant findet sich der Satz: »Dass große Leute nur in der Ferne schimmern, dass ein Fürst vor seinem Kammerdiener viel verliert, kommt daher, weil kein Mensch groß ist.«

»Optimist: ein Anhänger der Lehre, dass schwarz gleich weiß ist.« – Ambrose Bierce

Jagen Sie nicht dem Glück hinterher

Diese Grundeinstellung prägt den gut gelaunten Pessimismus. Und sie unterscheidet ihn von einem schlecht gelaunten, um den es in diesem Buch eben nicht gehen soll. Ein gut gelaunter Pessimist ist nicht mutlos, kein »Runterzieher«, der andern einreden will, dass alles keinen Zweck hat und man sich alle Anstrengung sparen kann. Gut gelaunter Pessimismus ist eine entspannte Lebenshaltung. Gerade weil wir uns die Dinge nicht schönreden, sondern sie uns auf die angenehmste Art und Weise miesmachen, können wir sie genießen. Das klingt vielleicht noch etwas unverständlich. Deshalb werden wir den gut gelaunten Pessimisten in den folgenden elf Kapiteln durch die unterschiedlichsten Themen jagen, vom Umgang mit sich selbst, von der Arbeitswelt, den Freunden, Urlaub, Krankheit bis zu den letzten Fragen wie Party und Tod. Und wir sehen, wie er zurechtkommt. So werden Sie dann am Ende wissen, wie man grundlos glücklich wird. Denn es ist eine vielfach bestätigte Erfahrung: Je angestrengter wir dem Glück hinterherjagen, je mehr Gründe wir uns schaffen, glücklich zu sein, desto weniger sind wir es. In diesem Sinne ist Glück immer grundlos. Das findet zumindest der gut gelaunte Pessimist.

»Glücklich ist nicht, wer anderen so vorkommt, sondern wer sich selber dafür hält.« – Seneca

Die Freuden der Selbstunterschätzung

In diesem Kapitel geht es um den Umgang mit sich selbst. Mit hohen Erwartungen setzt man sich nur selbst unter Erfolgsdruck und verdirbt sich den Spaß. Wesentlich beglückender ist es, sich mit einem Erfolg selbst zu überraschen.

Was ist das Erste, was uns ein sogenannter »Mutmacher« oder »Motivationscoach« einzutrichtern versucht? Dass wir an uns selber glauben müssen. Damit meint er nicht etwa, dass wir daran glauben sollen, dass es uns gibt. So wie wir an den lieben Gott glauben oder an die Vergebung der Sünden. Darüber ließe sich ja vielleicht noch reden. Aber »Ich glaube an mich« soll heißen: »Ich bin davon überzeugt, dass ich das, was ich mir vorgenommen habe, auch schaffe.«

Als Pessimist hat man da natürlich ganz schlechte Karten. Man ist ja eher vom Gegenteil überzeugt. Das heißt, es ist nicht ganz das Gegenteil, sondern ein wenig komplizierter. Als gut gelaunter Pessimist nehme ich ja nicht *ernsthaft* an, dass ich mein Vorhaben auf alle Fälle in den Sand setze. Sonst würde ich die Finger davon lassen oder mich umbenennen in den »gut gelaunten Masochisten«. Nein, der gut gelaunte Pessimist ist überzeugt, dass er das, was er sich vorgenommen hat, nur dann schafft, wenn er nicht allzu sehr davon überzeugt ist.

Einem Pessimisten gelingt nur dann etwas, wenn er nicht allzu fest daran glaubt.

Haben Sie das begriffen? Es geht also keineswegs darum, sich selbst zu entmutigen. Vielmehr geht es darum, sich selbst zu überlisten, um über einen kleinen Umweg durch die Hölle des Selbstzweifels zum Ziel zu kommen. Im Prinzip halten es die Optimisten auch nicht anders. Nur nehmen sie eben den anderen Weg, über das Luftschloss der Selbstüberschätzung. Bei uns funktioniert so etwas nicht. Unsere Lebenserfahrung lehrt: Wer sich seiner Sache allzu sicher ist, fällt auf die Nase. Garantiert. Hochmut kommt vor dem Fall, sagt das Sprichwort, und Pessimisten fallen bei solcher Gelegenheit besonders hart und tief.

Überhaupt ist es ein taktischer Fehler, sich schon vor dem Wettkampf zum Sieger zu erklären. So etwas macht unbeliebt, während die ganzen Sympathien denen zufliegen, die es Ihnen dann mal so richtig zeigen wollen. Gibt es etwas Schöneres, als so einen von sich selbst überzeugten Siegertyp aufs Kreuz zu legen? Um sich diesen Triumph zu verschaffen, schrecken manche Gegenspieler auch vor unfairen Mitteln nicht zurück. Werden sie dafür bestraft? Ach was, dazu gönnt man ihnen den Sieg viel zu sehr, den Kleinen, den Schwachen, den Außenseitern. Sogar bei Leuten, die bemerken, dass da nicht alles mit rechten Dingen zugegangen ist, hält sich die Empörung in Grenzen. Na ja, was mussten sie sich vorher auch so aufspielen? Irgendwie geschieht es ihnen recht, finden alle. Denken Sie nur mal an David und Goliath. Ist Ihnen aufgefallen, dass da gar kein fairer Zweikampf stattfindet? Den würde natürlich Goliath turmhoch gewinnen, als baumlanger Krieger gegen einen schmalen Hirtenjungen. Aber David schießt seinem Gegner mit seiner Steinschleuder einfach zwischen die Augen, noch bevor das Duell begonnen hat. Kümmert sich irgendjemand um die Einhaltung der Regeln? Wo bleibt die Rote Karte für David wegen unsportlichen Verhaltens? Bekommt er Ärger mit seinen Leuten, den Israeliten, dem auserwählten Volk? Nein, alle bewundern ihn und preisen seinen Mut. Wissen Sie nun, wie das läuft, im Leben? Wäre Goliath ein gut gelaunter Pessimist gewesen, hätte er vorher nicht so große Töne gespuckt. Vielleicht wäre die Sache dann besser für ihn ausgegangen.

Mit dem eigenen Scheitern rechnen

Für einen »Motivationscoach« ist es geradezu eine Todsünde: Anstatt »an sich« zu glauben, tut ein gut gelaunter Pessimist, nein, nicht das Gegenteil, wie wir gesehen haben, aber etwas völlig Gegenläufiges: Er erlaubt sich nicht, an den eigenen Erfolg zu glauben, solange der nicht in trockenen Tüchern ist. Und selbst dann … aber dazu kommen wir gleich.

Dieses Vorgehen hat gleich drei entscheidende Vorteile. Erstens wirkt es außerordentlich disziplinierend. Sie sind konzentrierter bei der Sache und achten stärker auf Details, wenn Sie nicht zu positiv gestimmt sind. Sie sind gezwungen, Ihre bescheidenen Kräfte zu sammeln, um das Beste aus der Sache zu machen. Um nicht völlig unterzugehen, dürfen Sie nicht nachlässig sein, Sie müssen sich anstrengen und gewissenhaft vorbereiten. Es wird furchtbar, aber immerhin haben Sie sich schon darauf eingestellt. So schnell wirft Sie nichts um. Sie haben für alle Fälle Reserven angelegt, auf die Sie zurückgreifen können, Sie kennen alle Fluchtwege (um sie später zu benutzen oder vielleicht doch abzuschneiden).

»Ich fühle mich schwach, unsicher und abgekämpft. Ich fühle mich, als hätte ich keinen Überblick darüber, was ich mache. Vielleicht ist das das Geheimnis meines Erfolges.« – Jodie Foster

Zweitens trifft Sie eine Niederlage bei weitem nicht so schlimm. Wenn Sie denn tatsächlich einmal scheitern sollten. Und das kann sogar bei gut gelaunten Pessimisten vorkommen. Es gibt nun einmal unglückliche Zufälle, schlechte Tage, oder vielleicht sind Sie ja wirklich so unfähig, wie Sie sich eingeredet haben. Und wenn schon, alles halb so schlimm. Sie haben ja schon damit gerechnet und können so eine Niederlage viel leichter wegstecken. Stellen Sie sich hingegen vor, Sie hätten sich selbst darauf »programmiert«, dass Sie triumphieren werden – und dann schaffen Sie das nicht. Zu der eigentlichen Niederlage kommen noch die Blamage, die Demütigung – und natürlich die Schadenfreude bei Ihren Konkurrenten. Und die fällt umso größer aus, je großspuriger Sie vorher aufgetreten sind.

Drittens aber können Sie sich erst so richtig aus vollem Herzen über Ihren Erfolg freuen, wenn Sie vorher Ihre Erwartungen heruntergeschraubt haben. Rechnen Sie ohnehin damit, dass Sie die Prüfung bestehen, den Job bekommen oder den Halbmarathon durchhalten, löst sich Ihr Triumphgefühl in Luft auf. Wenn er bereits fest verbucht ist, dann ist der Erfolg für Sie nur noch wenig wert. Es ist wie an Weihnachten: Kinder, die schon wissen, dass sie die Eisenbahn bekommen, haben viel weniger Spaß daran. Vor allem, wenn sie feststellen, dass das Modell unter dem Weihnachtsbaum viel kleiner geraten ist als das gewünschte. Gönnen Sie sich daher das Vergnügen, sich selbst zu überraschen. Aus eigener Erfahrung kann ich Ihnen sagen: Das sind köstliche Momente, die ich gegen keinen Erfolg eintauschen wollte, auf den ich mich vorher »programmiert« habe. Dass diese kleine Überlistung ziemlich schlau ist, zeigt auch ein Blick in die Hirnforschung. In unserem Vorderhirn gibt es nämlich eine kleine Struktur, die Nucleus accumbens heißt. Das ist unser Belohnungszentrum. Es wird immer dann aktiv, wenn etwas besser läuft als erwartet. Dopamin wird ausgeschüttet, und wir fühlen uns richtig gut. Läuft hingegen alles nach Plan, tut sich nichts im Nucleus accumbens. Das ist vielleicht auch der Grund, warum sich Erfolgsmenschen häufig gar nicht so aus vollem Herzen freuen können. Wenn sie jubeln oder Gesten des Triumphs vollführen, so wirkt das oft ein bisschen angestrengt.

Niederlagen suchen!

Nun kann man sich natürlich nicht damit begnügen, sagen wir, sichere Siege zu suchen, die man sich dadurch versüßt, dass man sich vorher einredet: »Das wird verdammt schwer.« So etwas funktioniert nicht, man kommt sich albern vor und wird von den anderen sowieso nicht mehr ernst genommen. Außerdem: Wie sieht denn das aus, ein Pessimist, dem alles gelingt? Als gut gelaunter Pessimist wird man sich daher immer auch an Aufgaben herantrauen, bei denen das Risiko zu scheitern recht hoch ist.

Optimisten würden sagen: Aufgaben, die eine echte Herausforderung darstellen. Als Pessimist nennt man das eher: aktiv nach Niederlagen suchen.

Solche Niederlagen tun erstens nicht weh. Und zweitens kann man nur an ihnen wachsen. Bekanntlich lernen wir vor allem dann etwas hinzu, wenn etwas schiefgeht – oder unerwartet doch klappt (siehe oben). Wenn wir Fehler machen, an unsere Grenzen stoßen und es noch einmal probieren. Dabei gibt sich ein gut gelaunter Pessimist nicht der Illusion hin, diese Niederlagen wären nur die Stufen, die ihn dann letztlich doch zum triumphalen Erfolg führen. Solche »Endsiege« gibt es nicht, sie wären auch eine menschliche Katastrophe. Wer wirklich »alles erreicht« hat, verwandelt sich augenblicklich in ein Scheusal, oder er ist einfach nur ein Schwätzer. Zudem haben Niederlagen und Fehlschläge eben auch den Sinn, uns klarzumachen, was wir nicht können und wovon wir künftig dann doch die Finger lassen sollten.

»In Wahrheit heißt etwas wollen, ein Experiment machen, um zu erfahren, was wir können; darüber kann uns allein der Erfolg oder Misserfolg belehren.« – Friedrich Nietzsche

Denn es geht natürlich nicht darum, Niederlagen zu sammeln, um sich als geborener Verlierer zu fühlen. Auch als gut gelaunter Pessimist brauchen Sie Ihre »Erfolgserlebnisse«, aber eben auch das eine oder andere Erlebnis von Misserfolg. Die Mischung macht es. Außerdem haben Sie die Chance, sich ein weiteres Mal positiv zu überraschen. Indem Sie sich nämlich von dem Fehlschlag nicht umwerfen lassen, sondern in Ruhe und überlegt darauf reagieren. Auch das kann Ihnen ein Erlebnis innerer Stärke verschaffen. Und womöglich spüren Sie die intensiver als bei einem Triumph. Zumal der für einen Pessimisten ohnehin nicht so leicht zu verarbeiten ist.

Wir wollen hier nicht auf das Kapitel über den Erfolg vorgreifen. Aber wir müssen hier schon mal erwähnen, dass dem gut gelaunten Pessimisten der Erfolg nicht so ganz geheuer ist. Zunächst ist die Freude groß, wenn ihm etwas gelungen ist, womit er nicht gerechnet hat. Aber dann? Erfolge sind nicht von Dauer, Erfolge können leichtsinnig machen oder arrogant, Erfolge wecken Erwartungen, denen man womöglich nicht gerecht wird – und dann folgt der sichere Absturz.

Während sich der Optimist durch einen Erfolg rundum bestätigt sieht, ist das beim Pessimisten gerade nicht der Fall. Er vermutet: Das nächste Mal komme ich aber nicht so leicht davon. Das nächste Mal wird es viel schwieriger. Die Konkurrenten haben sich auf mich eingestellt, sie wissen, dass sie mit mir rechnen müssen. Die Konkurrenten werden alles tun, damit ich ihnen nicht noch einmal davonziehe. Wie furchtbar! Auf diese Weise sät er den so überaus fruchtbaren Selbstzweifel, den er braucht, um sich auch beim nächsten Mal wieder so exzellent vorzubereiten. Wie immer. Voller Stolz kann der gut gelaunte Pessimist verkünden: »Alles, was ich heute bin, habe ich nur erreicht, weil ich nie an mich geglaubt habe.«

Die Spur der Schaumschläger

Über diese seltsamen Methoden können Optimisten und ihre Erfolgstrainer nur den Kopf schütteln. Für sie liegt die Sache auf der Hand: Wenn du selbst an deinem Erfolg zweifelst, hast du nicht die Spur einer Chance. Du brauchst überhaupt gar nicht erst anzutreten. Geh nach Hause und stiehl uns nicht die Zeit, du Versager! Denn, so lautet das fadenscheinige Argument: Wenn du dir nicht mal selbst einreden kannst, dass du es schaffst, wie solltest dir dann andere auf den Leim gehen? Und wenn dir andere nicht auf den Leim gehen, wirst du auch keinen Erfolg haben. So einfach ist das.

So einfach ist es eben doch nicht. Denn zum einen ist die angebliche Erfolgsstrategie für Pessimisten das reine Gift, wie wir gleich noch sehen werden. Und zum andern hat es fatale Folgen, dass diese Methode als Maß aller Dinge gilt. Mittlerweile hämmert uns jeder Ratgeber, jede Frauenzeitschrift, jeder Fernsehpsychologe unablässig diesen Stuss ein. Und so glaubt jeder Dünnbrettbohrer, er könnte jedes noch so hoch gesteckte Ziel erreichen, wenn er nur breitbeinig genug durch die Welt geht.

Unterschätzt zu werden gehört für einen Pessimisten zu den Annehmlichkeiten.

Daher begegnen uns immer häufiger Leute, die nichts auf dem Kasten haben, aber vor Selbstbewusstsein geradezu bersten. Die Fassade wird auf Hochglanz poliert, an den Worthülsen gefeilt, das Dauerlächeln angeknipst. Ihre ganze Energie haben sie darauf verwendet, sich und anderen vorzumachen, wie großartig sie sind. Wenn das gelungen ist, bleibt nur noch wenig übrig, um etwas Substanz aufzubauen. Alles ist nur auf das eine ausgerichtet: sich möglichst gut zu präsentieren und zu verkaufen. Nun kann man gewiss nicht behaupten, dass jeder, der dieser Erfolgsstrategie folgt, ein Schaumschläger ist. Aber jeder Schaumschläger folgt genau dieser Erfolgsstrategie.

Als gut gelaunter Pessimist sollte man sich von solchen Methoden fernhalten – auch wenn man mitunter Gefahr läuft, unterschätzt zu werden. Aber was heißt »Gefahr läuft«? Unterschätzt zu werden gehört für einen Pessimisten eher zu den angenehmen Dingen, ja gelegentlich auch zu seinen wichtigsten Waffen. Allerdings muss er auch immer wieder Gelegenheit haben zu zeigen, was in ihm steckt. Und die bekommt er nicht immer geboten. Das Thema wird uns noch im nächsten Kapitel beschäftigen, das dem Berufsleben gewidmet ist. Deshalb verlieren wir jetzt lieber noch ein paar Worte darüber, warum Sie sich vor den selbsternannten »Mutmachern« und »Motivationskünstlern« lieber in Acht nehmen sollten.

Die positive Kraft negativen Denkens

Die amerikanische Psychologin Julie Norem ist die Entdeckerin des sogenannten »defensiven Pessimismus«. Über den Begriff ist sie selbst nicht recht glücklich; im Nachhinein hätte sie das Konzept lieber »strategischen Pessimismus« genannt. Denn es handelt sich tatsächlich um eine Strategie, die Menschen einsetzen, um ihre Ziele zu erreichen. Im Wesentlichen entspricht ihre pessimistische Strategie dem Vorgehen, das wir oben skizziert haben: Man rechnet mit dem Schlimmsten, verbringt viel Zeit damit, sich vorzustellen, was alles schiefgehen könnte, und äußert sich eher zurückhaltend über die Erfolgsaussichten.

Menschen, die diese Strategie benutzen, nennt Norem »defensive Pessimisten«. Ihnen stellt sie die »strategischen Optimisten« gegenüber, die genau den entgegengesetzten Kurs fahren: das Scheitern nicht einmal als Möglichkeit ins Auge fassen und unerschütterlich daran glauben, dass alles gutgehen wird. Und nun stellte Norem in einem kontrollierten Experiment beide Gruppen vor bestimmte Aufgaben. Das Interessante daran: Pessimisten und Optimisten sollten einmal die optimistische und einmal die pessimistische Strategie einsetzen. Einmal wurden sie systematisch »aufgebaut«, es wurde ihnen eingeredet, sie würden die Aufgaben mit Leichtigkeit schaffen (so in der Art, wie es die »Motivationskünstler« tun). Das andere Mal wurden sie dazu veranlasst, über die Schwierigkeiten nachzudenken, und ihre Erfolgsaussichten wurden eher skeptisch beurteilt.

Das Ergebnis sollte gut gelaunte Pessimisten nicht überraschen: Während die Optimisten tatsächlich mit der rosaroten Brille bessere Ergebnisse erzielten, versagte diese Methode bei den Pessimisten vollkommen. Sie erbrachten als Schwarzseher wesentlich bessere Leistungen. Daran sollten Sie denken, bevor Sie sich unbedacht von jemandem »Mut zusprechen« lassen und Ihre Be-

denken vorschnell ablegen. Die lähmen Sie keineswegs, sondern helfen Ihnen, eine schwierige Aufgabe zu meistern. Darauf können Sie durchaus auch einmal hinweisen. Und wenn Sie selbst dafür sorgen wollen, dass ein Pessimist seine »Bestleistung abruft«, dann tun Sie eines bitte nicht: ihm seine Bedenken ausreden.

Die Lust an den eigenen Schwächen

Pessimisten neigen dazu, die eigenen Fehler und Schwächen besonders aufmerksam zu registrieren. Denn sie tragen ja dazu bei, dass man sich auf das Scheitern einstellen darf. Wir halten uns nicht für besonders redegewandt? Also müssen wir uns besonders gut auf die mündliche Prüfung vorbereiten. Unsere Englischkenntnisse lassen zu wünschen übrig? Also müssen wir uns mit dem Geschäftsbrief besondere Mühe geben und jede Redewendung noch mal nachschlagen. Sonst blamieren wir uns. Ja, Sie wissen schon, es ist der alte Trick mit der Selbstunterschätzung. Einige dieser Schwächen kommen nur zustande, weil man mit sich selbst hart ins Gericht geht. »Sei doch nicht so streng mit dir«, bekommt man dann zu hören. Dabei ist das ja genau der Pfiff bei der Sache: Man macht sich selber Ärger, weil man ihn nicht mit anderen bekommen möchte.

Auf der anderen Seite haben wir ja wirklich einige eklatante Schwachpunkte. Manche Pessimisten ärgern sich so sehr darüber, dass sie aus lauter Trotz die Gegenrichtung einschlagen. So verwandelt sich der eine oder andere faule Sack in ein Arbeitstier, weil er genau weiß: Wenn er sich erst ein Päuschen gestattet, dann kommt er gar nicht mehr aus dem Quark.

Wer sich seine Schwächen eingesteht, lebt wesentlich entspannter.

Doch meist ist es so, dass sich unsere Schwächen nicht in ungeahnte Stärken verwandeln lassen, sondern uns erhalten bleiben.

Daran ist auch gar nichts Schlimmes. Im Gegenteil: Wer sich seine Schwächen eingesteht, lebt wesentlich entspannter. Er muss sich nicht quälen und seine Mitmenschen auch nicht, die ja mitunter noch mehr darunter leiden, wenn jemand seine eigenen Möglichkeiten so sehr überschätzt. Ob das die Kochkünste, das musikalische, literarische, allgemein künstlerische Talent oder die Entertainerqualitäten sind. Es gibt ja kaum etwas Unangenehmeres, als einem Menschen, den man sonst achtet und ehrt, in solchen Momenten gegenübertreten zu müssen. »Nun, wie war's?«, fragt so jemand nach einem rundum vergeigten Auftritt. Und wenn man dann zu seinen eigenen Schwächen rechnet, »nicht lügen zu können«, kann man dem anderen auch gleich eine Ohrfeige verpassen. Er wird es einem gewiss nicht übler nehmen, als an den nicht vorhandenen Talenten zu zweifeln.

Es kommt noch etwas hinzu: Es sind die Schwächen, die uns liebenswert machen. Und zwar nicht nur bei den anderen, die dann nachsichtig über uns schmunzeln können. Vielmehr ist man sich auch selbst sympathisch, wenn man so seine kleinen Macken hat und sie sich erhält. Wir mögen es ja schon nicht an anderen, wenn sie »zu perfekt« sind. Aber auch im Umgang mit sich selbst hat es einiges für sich, seine eigenen Schwächen mit Nachsicht, ja Sympathie zu behandeln. Man kann sich durchaus auch darüber amüsieren, wenn man mit einer Sache scheitert. Wenn man sich verfährt, weil man so einen schlechten Orientierungssinn hat. Oder wenn man es nicht schafft, ein Kinderregal von Ikea zusammenzuschrauben, weil man zwei linke Hände hat. Der gelassene Umgang mit den eigenen Schwächen ist der einzig angemessene. Er macht uns auch nachsichtiger mit den Schwächen der anderen. Und das ist eine Fähigkeit, die man als gut gelaunter Pessimist nun in besonders hohem Maße braucht, wie das nächste Kapitel zeigt, das dem Berufsleben gewidmet ist.

Der gut gelaunte Pessimist im Berufsleben

Das Berufsleben ist kein Vergnügen. Umso wichtiger ist daher der richtige Umgang mit faulen Kollegen, unverschämten Kunden und neurotischen Chefs. Erfahren Sie außerdem, warum Karrieresprünge schädlich sind.

Wenn wir von den Dingen reden, die schiefgehen, dann darf natürlich unser Beruf nicht fehlen. Nur unverbesserliche Optimisten behaupten, dass der eigene Beruf ein nie versiegender Quell von Geld und Glück ist. Man hat seinen Spaß, tut etwas Sinnvolles und wird noch fürstlich dafür bezahlt. So soll es sein. So ist es aber nicht. Nicht einmal Komiker haben Spaß an ihrem Beruf. Und wer fürstlich bezahlt wird, tut selten etwas Sinnvolles.

Nach einer aktuellen Studie kommt fast die Hälfte aller Arbeitnehmer in Deutschland finanziell kaum über die Runden. Eine andere Studie hat ermittelt, dass gerade mal ein Drittel aller Beschäftigten meint, ihr Chef sei eine »gute Führungskraft«, und aus der Schweiz, dem beliebtesten Auswanderungsland der Deutschen, kommt die Nachricht, dass sich fast 70 Prozent der Arbeitnehmer in den nächsten Monaten nach einer neuen Stelle umsehen wollen. Während die übrigen 30 Prozent vermutlich schon gemerkt haben, dass es anderswo eher noch schlimmer kommt.

Je höher der Idealismus, desto niedriger die Bezahlung.

Es ist doch so: Sobald man bei einem Beruf hinter die Kulissen blickt, packt einen das Grausen. Von Bismarck stammt der Satz: »Je weniger die Leute wissen, wie Würste und Gesetze gemacht werden, desto besser schlafen sie.« Aber das gilt nicht nur für Metzgereiwaren und Rechtsvorschriften, sondern für jedes Gewerbe: Sobald man weiß, wie »es gemacht« wird, ist man stark ernüchtert. Am stärksten bei den sogenannten »Traumberufen«. Und das aus drei Gründen: Einmal geht man mit hohen Erwartungen an die Sache heran, Sie wissen schon, der übliche Optimistenfehler. Dann ist die Konkurrenz mörderisch, und schließlich gilt der Grundsatz: Je höher der Idealismus, desto niedriger die Bezahlung – und die steigt auch dann nicht nennenswert, wenn Sie längst ein ausgebranntes, zynisches Wrack sind. Dass Idealisten hauptsächlich im Niedriglohnsektor beschäftigt sind, veranlasst wiederum manche zu dem Umkehrschluss, man müsste sich nur wie ein Schwein benehmen, um Anspruch auf die höchsten Gehaltsklassen anmelden zu können.

Als gut gelaunter Pessimist besteht wenig Gefahr, auf solche Abwege zu geraten. Nicht zuletzt auch, weil man weiß, dass auf jedes hochbezahlte mindestens hundert arme Schweine kommen, denen es noch dreckiger geht als den einkommensschwachen Idealisten. Denn die können sich immerhin noch morgens vor den Spiegel stellen, ohne in das Gesicht eines bösen Menschen blicken zu müssen. Nun, wir gut gelaunten Pessimisten schlagen einen dritten Weg ein und halten uns an ein bewährtes Erfolgsprinzip, das man ohne weiteres aus der natürlichen Evolution ableiten kann.

Die goldene Regel der Evolution: Egal, was für ein seltsam gebautes Tierchen du bist. Hauptsache, du kommst durch.

In der Natur herrschen ja nicht nur die Gesetze vom Fressen und Gefressenwerden. Und das Recht des Stärkeren wird ohnehin ständig unterlaufen. Das Raubtierdasein ist keineswegs eine erfolgreichere Lebensform als die ihrer Beute. Eher im Gegenteil, immerhin gibt es weit mehr Gazellen als Geparden und mehr harmlose Singvögel als Raubvögel. Und so lautet die goldene Regel, die uns die Natur für unser Berufsleben lehrt: Es ist ganz egal, was für ein seltsam gebautes Tierchen du bist. Hauptsache, du kommst irgendwie durch.

Vorsicht, Fangfrage!

Das Vorstellungsgespräch lief unerwartet gut. Da ging die Tür auf, der Geschäftsführer stürmte herein, um sich persönlich von mir ein Bild zu machen. Seine zweite Frage lautete: »Nun, Herr Nöllke, was ist Ihr größter Fehler?« Damals war diese Frage noch nicht so bekannt wie heute, da sie in jedem Bewerbungsratgeber steht und jeder weiß, dass er Sätze aufsagen muss wie: »Ich habe es immer noch nicht geschafft, meine Hemden selbst zu bügeln.« – »Bei Dingen, die mir wichtig sind, bin ich vielleicht etwas zu streng.« – »Ich bin geradeheraus und ehrlich. Das verletzt manche.« Oder: »Ich kann mir einfach keine Witze merken.« Für mich kam diese Frage hingegen völlig überraschend, ich stammelte einige Ausflüchte und bekam den Job, nachdem der Geschäftsführer mir noch verraten hatte, sein größter Fehler wäre, dass er »zu ungeduldig« sei und »kleinkarierte Erbsenzähler« am liebsten auf den Mond schießen würde. So war das damals, in den guten alten Krisenzeiten Mitte der neunziger Jahre (→ Seite 30).

Von der Schwierigkeit, Schwächen zu verschweigen

Aber man muss schon sagen, dass diese Frage für einen gut gelaunten Pessimisten besonders schwer zu beantworten ist. Nicht etwa weil er keinen Fehler findet, sondern weil er sich nicht entscheiden kann, welche von seinen vielen Unzulänglichkeiten es verdiente, die größte genannt zu werden. »Hmm«, würde er grübeln, »ist es meine Langsamkeit? Meine Bequemlichkeit? Meine Entscheidungsschwäche? Dass ich so oft schlechte Laune habe und keinen Menschen sehen mag? Dass ich Menschen vor den Kopf stoße, ohne es zu merken? Dass ich zu ängstlich bin und mir nichts zutraue?« Natürlich spricht er diese Dinge nicht aus, sondern flüchtet sich in eine der bewährten Standardantworten, die möglichst wenig über sein wahres Wesen verraten sollen. Aber er denkt sich: »Es wird sich noch rächen, dass ich gelogen und der Wahrheitskommission so viele menschliche Schwächen verschwiegen habe! Wenn die mich hier einstellen, wie soll ich da mit meinen Macken überhaupt bestehen – unter lauter leistungsbereiten, kreativen, dreisprachigen, humorvollen, stressresistenten Teamplayern, deren tiefste menschliche Abgründe sich darin erschöpfen, »leidenschaftlich italienisch zu kochen« oder ein »schwaches Namensgedächtnis« zu haben?

Bekommt der gut gelaunte Pessimist die Stelle, wird er aber schon recht bald seine Bedenken ablegen. Die Leute, mit denen er zusammenarbeitet, müssen bei der Frage nach dem größten Fehler noch viel mehr gelogen haben als er. Es sei denn, sie hätten Antworten gegeben wie: »Ich liebe es, meine Mitmenschen bei jeder Gelegenheit zu terrorisieren.« – »Ich vernachlässige sträflich meine Körperpflege.« – »Ich bin absolut gewissenlos und will auf Ihren Stuhl.« Oder: »Ich bin mit den fundamentalen Grundsätzen des zivilisierten Umgangs nicht vertraut. Zum Beispiel halte ich mir beim Gähnen niemals die Hand vor den Mund. Und ich gähne oft. Vor allem bei der Arbeit.«

Pessimismus gilt als ansteckende Krankheit, die alle Kräfte lähmt und Kollegen in die Depression drängt.

Nein, es muss gelogen werden, dass sich die Balken biegen. Der Stellenbewerber muss den Eindruck erwecken, als sei sein ganzes bisheriges Leben auf diesen einen Punkt hin zugelaufen: dass er diese und zwar genau diese Stelle bekommt, die er mit Begeisterung und Hingabe ausfüllen wird und die die Erfüllung all seiner Träume ist. Eine Antwort sollten Sie auf die Frage nach Ihrem »größten Fehler« natürlich niemals geben: »Ich bin Pessimist.« Pessimismus gilt als schwerer und unheilbarer Makel, eine Art ansteckende Krankheit, die alle Kräfte lähmt und die Kollegen in die Depression drängt. Als Pessimist haben Sie keine Chance, da können Sie so gut gelaunt sein, wie Sie wollen. Abgesehen davon, sollte Ihnen mittlerweile klargeworden sein, dass Ihr Pessimismus ohnehin nicht zu Ihren Fehlern, sondern zu Ihren Stärken zu rechnen ist. Aber auch das behalten Sie lieber erst mal für sich.

Die weniger angenehmen Kollegen

Gehören Sie auch zu den Leuten, die meinen: Die Arbeit wäre ja gar nicht so schlimm, wenn nur die Kollegen nicht wären? Nun, da könnten Sie sich täuschen. Denn was ist mit Ihrem Chef? Den Kunden? Den Lieferanten? Oder gar den Mitarbeitern anderer Abteilungen, die in vielen Unternehmen nur unter dem Namen »unsere Feinde« bekannt sind? Aber so ganz unrecht haben Sie natürlich nicht. Kollegen können einem das Leben schwermachen, einen zermürben und in die Frühverrentung treiben. Man darf darüber jedoch nicht vergessen, dass so etwas auch die anderen Personengruppen fertigbringen. Aber zu denen kommen wir gleich noch.

Natürlich gibt es auch nette und angenehme Kollegen, mit denen man prima zusammenarbeiten kann und die einem dabei helfen, unbeschadet durch den Tag zu kommen. Das sind die unverzichtbaren »Leidensgenossen«. Freuen Sie sich über jeden, den Sie um sich haben. Besteht jedoch Ihre ganze Abteilung nur aus solchen »Leidensgenossen«, dann liegt der Verdacht nahe, dass es sich bei Ihrem Chef um ein Ungeheuer handelt. Denn wo so viele Leidensgenossen sind, da braucht man natürlich auch jemanden, der so viele Leiden verursacht, damit sie anschließend genossen werden können. Und wer wäre dafür besser geeignet als der Boss? Nun ja, die Wirtschaftskrise vielleicht. Der globale Wettbewerb. Die erforderliche Umstrukturierung. Das heißt, wenn Ihre Abteilung kurz vor der Schließung steht, dann wird dadurch der Zusammenhalt auch immer sehr stark gefördert.

Der Ausdruck »Leidensgenossen« verrät es ja schon: Es ist das Leiden, das uns verbindet. Leiden an sinnloser Arbeit, Leiden an der Angst, den Job zu verlieren, und Leiden an den weniger angenehmen Kollegen, die böse Gerüchte streuen, in einem unbeobachteten Moment Kaffee über Ihre wichtigsten Unterlagen

ausgießen und immer einen witzigen, ehrverletzenden Spruch auf den Lippen haben.

Was sollen Sie dagegen tun? Natürlich können Sie sich an Ihren Vorgesetzten wenden. Aber als gut gelaunter Pessimist sollten Sie sich keine übertriebenen Hoffnungen machen. Viele Vorgesetzte wollen mit solchen Unannehmlichkeiten nicht behelligt werden. Und wenn sie doch einmal eingreifen, dann vergrößern sie häufig noch den Schaden und stiften Feindschaften fürs Leben. Denn viele Führungskräfte sind mit dem Schlichten von Konflikten einfach überfordert. Sie wissen nicht, wie das geht, und sind auch nicht übermäßig an diesem Thema interessiert. Es ist ihnen viel »zu negativ«. Nicht ohne Grund sind die Seminare über Konfliktmanagement gähnend leer, während Veranstaltungen zum Thema »Wie Sie noch erfolgreicher werden und Ihre Mitmenschen in Halmafiguren verwandeln« aus allen Nähten platzen.

»Macht das unter euch aus« ist für viele Führungskräfte der oberste Leitsatz professionellen Konfliktmanagements.

Es hilft also nichts. Sie müssen alleine mit den weniger angenehmen Kollegen fertig werden. Das heißt, so ganz alleine sollten Sie da besser nicht vorgehen. Schließen Sie sich mit Ihren Leidensgenossen zusammen und legen Sie gemeinsam den finsteren Mächten das Handwerk. Sprechen Sie sich Mut zu und unterstützen Sie sich gegenseitig. Sie werden feststellen, wenn nur zwei Kollegen einander beistehen, sind sie schon mehr als doppelt so stark. Und Sie werden merken, wie viel Vergnügen es machen kann, wenn man sich gemeinsam zur Wehr setzt. Ja, manchmal braucht es überhaupt erst solche richtig miesen Typen, damit die edlen Seiten unserer Mitmenschen zum Vorschein kommen. Wann hat man sonst Gelegenheit, den Bedrängten zur Seite zu stehen, die Rücksichtslosen in die Schranken zu weisen und für das Gute einzutreten? So etwas verbindet stärker als jedes laue kollegiale Verhältnis.

Und wenn die edlen Seiten gar nicht zum Vorschein kommen? Sondern nur Resignation, Verdruckstheit und Angst? Dann wenden Sie einen alten Pessimistentrick an und legen den Schalter um in den »Spiel-Modus«. Wie das geht, erfahren Sie, sobald wir Ihr berufliches Schreckenskabinett durchgearbeitet haben.

Die faulen und unfähigen Kollegen

Wenn es nur die boshaften und niederträchtigen Kollegen wären, die einem das Leben schwer machten, so wäre es ja noch ganz gut auszuhalten. Denn solche Typen werden früher oder später entweder befördert oder rausgeekelt. Auf jeden Fall wird man sie eher los als die zweite Gruppe von Kollegen, die einem auf die Nerven gehen, weil sie faul, unfähig oder beides zugleich sind. Berufsanfänger neigen dazu, diese Gruppe zu unterschätzen. Sie denken: Wer keine Leistung bringt, der ist wenigstens keine Konkurrenz für mich. Ja, faule oder unfähige Kollegen sind gar nicht so übel. Denn sie bilden eine willkommene Kontrastfolie, vor der ich meine eigene Mittelmäßigkeit umso strahlender zur Geltung bringen kann. Tja, das ist eben falsch gedacht. Denn die faulen und unfähigen Kollegen verstehen sich auf *eine* Sache ganz vorzüglich: ihre fleißigen und fähigen Kollegen mit in den Treibsand ihrer Leistungsschwäche hineinzuziehen.

Wenn Sie von Ihren faulen und unfähigen Kollegen Hilfe brauchen, dann müssen Sie sich in Geduld fassen und ganz hinten anstellen. Denn diese Kollegen sind immer stark überlastet. Das liegt weniger daran, dass sie so stark nachgefragt sind, sondern dass es ihnen gelingt, einen strategischen Rückstau an unerledigten Aufgaben zu erzeugen. Dass diese Aufgaben noch unerledigt sind, dafür gibt es stichhaltige Gründe. Alles ist grundsätzlich unendlich mühsam und wird immer komplizierter. Überall gibt es Schwierigkeiten, überall tun sich unüberwindliche Klippen auf. Und immer sind die anderen schuld, dass es nicht so einfach klappt, wie man sich das vorgestellt hat. Ein eindrucksvolles Beispiel habe ich vor ein paar Jahren erlebt. Eine Mitarbeiterin lehnte es rundheraus ab, ein bestimmtes Formular an zwei, drei Kollegen zu faxen. Denn das Faxgerät war eine hochkomplexe Apparatur mit einer unendlichen Vielfalt an Funktionen, die es nötig machten, mit äußerster Behutsamkeit vorzugehen. Sie schloss mit den anklagenden Worten: »Und dann stehe ich wieder den ganzen Vormittag am Faxgerät.«

Eine rätselhaft effektive Teamstrategie

Ist der Auftrag endlich abgearbeitet, so erhalten Sie das Ergebnis in der niedrigstmöglichen Qualität. Das fällt aber nicht auf Ihren faulen und unfähigen Kollegen zurück, sondern auf Sie selbst. Schließlich müssen Sie ja auf den dürftigen Leistungen Ihres Kollegen aufbauen. Und wenn ein Gebäude einstürzt, lobt ja auch niemand den gelungenen Dachstuhl. Nein, Sie hängen mit drin, denn Sie sind ja »ein Team«, und nur die Teamleistung zählt. Wenn Sie sich über die Lusche beschweren, ändert das auch nichts – außer dass Sie jetzt in dem Ruf stehen, »nicht teamfähig« zu sein und langgediente Stützen der Abteilung zu mobben. Folge dieser rätselhaft effektiven Teamstrategie: Alle andern machen einen weiten Bogen um die faulen und unfähigen Mitarbeiter und erledigen die Aufgaben lieber selbst. Und so fällt das Gesamtergebnis schließlich doch ganz passabel aus, was nun wieder »dem gesamten Team« angerechnet wird, unter besonderer Berücksichtigung der faulen und unfähigen Kollegen, die es irgendwie schaffen, sich wieder ins Gespräch zu bringen. Versuchen Sie aber bloß nicht, diese Erfolgsstrategie zu kopieren. Denn seltsamerweise klappt sie immer nur bei den anderen.

Ihr neurotischer Chef

Wir haben es oben schon sachte angedeutet: Die meisten halten ihren Vorgesetzten für ziemlich unfähig. Das würden sie ihm zwar gerne mal sagen. Aber sie trauen sich nicht. Niemand. Niemals. Nirgends. Auch bei einer sogenannten »360-Grad-Beurteilung«, bei der jeder jeden beurteilen soll, üben sie sich lieber in Zurückhaltung. Denn sonst würde vermutlich auch der Chef seine freundliche Beurteilung noch einmal überdenken. Also lobt lieber jeder jeden, mit ein paar Alibikritikpunkten, die den Chef nur umso liebenswürdiger erscheinen lassen. Außerdem könnte der Chef ja herausbekommen, wer ihn da so unfein bekrittelt hat. Und dann haben Sie nichts mehr zu lachen. Also, niemand beschwert sich. Und deshalb meinen so viele Chefs, dass sie ganz besonders gute Vorgesetzte wären. Dabei hätten sie weit eher Grund, das Gegenteil anzunehmen.

Weil sich niemand beschwert, halten sich viele Chefs für besonders gute Vorgesetzte. Dabei hätten sie eher Grund, das Gegenteil anzunehmen.

Worüber die Mitarbeiter besonders oft klagen: Der Chef erkennt ihre Leistung nicht an. Sie geben sich Mühe, ackern bis zum Umfallen, vollbringen Wundertaten, und dann geht der Chef einfach darüber hinweg. Oder er beklagt sich noch, weil es nicht schnell genug ging. Wunder brauchen eben etwas länger, denken Sie bei sich und ziehen sich verstimmt zurück. Aber der Chef lobt Leute, die es absolut nicht verdient haben, die ihn aber täuschen und blenden und um ihren kleinen Finger wickeln.

Der Chef und seine genialen Einfälle

Und dann seine Ideen, die gefürchteten Chefideen … meist hat er sie irgendwo aufgeschnappt, im Flugzeug darüber gelesen, bei der Konkurrenz entdeckt oder sich von einem Cheffreund einreden lassen. Diese Ideen haben alle eine Gemeinsamkeit: Man muss sie verhindern, um Unglück von der Abteilung, dem Unternehmen, der Menschheit abzuwenden. Und zwar so, dass der Chef selbst es gar nicht mitbekommt. Ja, dass er glaubt, die Rettungsmaßnahmen, die Sie und Ihre Kollegen unverzüglich einleiten, seien nichts anderes als die Verwirklichung seiner ursprünglichen Idee. Immerhin können Sie in der Regel auf ein breites Bündnis gegen die Chefidee rechnen. Alle tun ihr Bestes, um sie unschädlich zu machen oder zumindest in erträgliche Bahnen zu lenken. Ein sehr bewährtes Mittel des gut gelaunten Pessimisten ist dabei, auf Zeit zu spielen. Dann gerät die gefährliche Chefidee allmählich in Vergessenheit, zumal der Chef selbst bereits ganz andere Pläne hat und Sie aus heiterem Himmel mit einer neuen brillanten Chefidee überrascht.

Am schlimmsten aber ist es, wenn Sie einen Chef haben, der nicht bloß Ihr staubtrockener Vorgesetzter sein will. Sondern der sich in den Kopf gesetzt hat, seine Mitarbeiter zu »begeistern«. Für einen gut gelaunten Pessimisten ist das der Super-GAU. Natürlich bereitet ihm seine Arbeit hin und wieder Vergnügen. Vor allem wenn der Chef ihn einfach in Ruhe lässt. Aber seine Arbeit ist hin und wieder auch richtig quälend. Echte Arbeit eben. Dabei gehört es zu den Grundeinsichten pessimistischen Denkens, dass man etwas durchaus mit einem inneren Widerwillen tun kann und dennoch gute Arbeit leistet. Ja, gelegentlich gelingt es gerade dann besonders gut. Weil man sich nämlich nicht von diesen euphorisierenden Neurotransmittern das Hirn zudröhnen lässt, sondern ganz nüchtern bei der Sache bleibt. Wer hingegen »begeistert« ist, befindet sich in einem Zustand knapp unter der Unzurechnungsfähigkeit.

Man kann etwas mit innerem Widerwillen tun und dennoch gute Arbeit leisten.

Nun versteht es sich von selbst, dass auch und gerade die Mitarbeiter eines solchen überspannten Chefs alles andere als »begeistert« ihre Arbeit machen. Nur müssen sie ein Gutteil ihrer Energie darauf verwenden, ihrem Chef so etwas wie »Begeisterung« vorzuspielen. »Sind wir wieder alle gut drauf? Sind wir wieder motiviert?«, bellt der Boss in die Runde. »Suuuper!«, rufen seine Mitarbeiter mit der gleichen Inbrunst wie die Kinder beim Kasperletheater. Manche haben »kein Problem« mit dieser Art von Menschenführung. Sie empfinden sogar ein gewisses Vergnügen dabei, kommen beruflich voran und setzen »begeistert« eine Sache nach der andern in den Sand, wie man das halt so macht, wenn man nicht weiter nachdenkt. Aber ein gut gelaunter Pessimist ist mit der Begeisterung völlig überfordert. Er kann seine Leistung überhaupt nur erbringen, wenn er wenigstens ein bisschen skeptisch sein und schwarzsehen darf. Doch genau das darf er nicht. Sonst gilt er als Bremser, Bedenkenträger und Miesmacher. Kurzum, als jemand, der dem Erfolg im Wege steht und den man deshalb besonders gern beiseiteräumt.

Der Kekstest

Da wir gerade vom Beiseiteräumen sprechen: Sie sollten nicht erwarten, dass jemand, der eine Chefposition besetzt, besonders zartfühlend ist. »Oben haben wir eben nicht die Humanisten«, hat der Münchner Sozialpsychologe Dieter Frey einmal lapidar festgestellt. Ein gewisses Maß an Härte und Rücksichtslosigkeit ist beim beruflichen Aufstieg durchaus nützlich. Dabei muss man diese Eigenschaften nicht unbedingt mitbringen. Bis zu einem gewissen Grad kommen sie ganz von allein zum Vorschein, sobald man aufrückt, wichtiger wird, seinen Einflussbereich vergrößert. Oder aber man geht nach der Beförderung unter, weil man zu lieb ist, zu viel Rücksicht nimmt oder sogar Mitleid hat mit denen, die man führen soll.

Allerdings stellen wir uns im Regelfall schon charakterlich auf die aktuelle Karrierestufe ein, wie Studien der Psychologin Deborah Gruenfeld von der Universität Stanford zeigen. Demnach werden wir rücksichtsloser, wenn wir beruflich mehr zu sagen haben, und registrieren nicht mehr so genau, was die andern von uns denken. Wir betrachten sie nicht so sehr als Menschen mit eigenen Interessen und Rechten, sondern sie erscheinen uns eher als die Mittel, die wir brauchen, um zum Ziel zu kommen.

Wie rasch so etwas geschehen kann, hat Gruenfeld in einem Experiment gezeigt, bei dem Gruppen aus jeweils drei Studenten über umstrittene Themen diskutieren sollten. Einer der Studenten wurde durch Losentscheid dazu bestimmt, die Argumente der beiden anderen zu bewerten. Er oder sie hatte also ein winziges Stück Macht verliehen bekommen. Doch das reichte aus. Als eine halbe Stunde später eine Schale mit fünf Keksen auf den Tisch gestellt wurde, griffen die »mächtigen« Studenten deutlich häufiger zu, kauten mit offenem Mund und fanden nichts dabei, sich selbst und den Tisch zu bekrümeln. Anders gesagt, ein unbedeutender Machtvorsprung genügte, um sie ihre guten Manieren vergessen zu lassen und das Einzige an sich zu reißen, was es in diesem Experiment zu ergattern gab: Kekse.

Wir kümmern uns um die Details

Zwar gibt es unter den Führungskräften auch manche gut gelaunten Pessimisten, doch wenn der Eindruck nicht täuscht, haben die Optimisten deutlich die Oberhand. Das liegt eben auch daran, dass sie unbekümmerter zu Werke gehen. »Hemmungslosigkeit ist die eigentliche Wurzel von Macht«, konstatiert die eben erwähnte Deborah Gruenfeld. Darin liegt natürlich eine erhebliche Gefahr. Denn wenn wir sie nicht aufhalten, dann richten uns die hemmungslosen Optimisten zugrunde. Hemmungslosigkeit braucht eben dies: Hemmung. Und wer könnte zuverlässiger hemmen als die bewährten lebensklugen Pessimisten?

Es kommt noch etwas hinzu: Wer optimistisch gestimmt ist, hat eher das große Ganze im Blick. Das klingt gut, so nach »ganzheitlichem Denken« und weiträumiger Perspektive. Doch gibt es eine bedenkliche Kehrseite: Es entgehen ihm die unerfreulichen Einzelheiten. Mit denen will er am liebsten gar nichts zu tun haben, zumal sie es sind, die immer wieder verhindern, dass seine rosaroten Visionen Wirklichkeit werden. Und sogar wenn er Erfolg hat, muss man nur genau genug hinschauen, um zahllose Risse in den Fundamenten zu entdecken. Aber genau das entdeckt der optimistische Chef ja gerade nicht. Und er will es auch nicht entdecken, weil er meint, allzu scharfes Hinsehen erhöhe die Einsturzgefahr.

Ein Pessimist ist sich seines Erfolgs erst sicher, wenn er keine Risse mehr entdeckt. Also niemals.

Beim Pessimisten ist das eben anders: Er hat den Blick für die Details, weil gerade dort das Unheil lauert. Und er kann sich seines Erfolgs erst sicher sein, wenn er keine Risse mehr entdeckt. Das bedeutet in der Praxis: so gut wie nie. Daraus könnte man den Schluss ziehen, dass sich Optimisten und Pessimisten ideal ergänzen. Der Optimist sorgt für gute Stimmung bei der Belegschaft und gibt die kühnen Ziele vor, die zwar nie erreicht werden, aber Hauptsache, das Schiff legt erst mal ab. Während der Pessimist den Optimisten wieder auf den Boden holt und sich um die lästigen Details kümmert, damit man wenigstens irgendwo anlandet und die Rettungsboote nicht vergisst.

Nun mag es zwar schon so sein, dass sich die beiden ideal ergänzen. Das Problem ist nur, dass sie so schwer miteinander auskommen. Das fängt schon mit der »guten Stimmung« an, die der Optimist verbreiten will. Für einen Pessimisten sind optimistische Vorgaben ja gar nicht ermutigend, sondern eher bedrohlich. Denn er soll sie erreichen und weiß doch ganz sicher, dass dies nicht gelingen kann. Andersherum empfindet der Optimist die Vorbehalte und Bedenken keineswegs als hilfreiche Erdung seiner hochfliegenden Pläne, sondern als Versuch, sie zum Scheitern zu bringen. Und doch gibt es auch optimistische Vorgesetzte, die schon wissen, was sie an ihren »Miesmachern« haben – nämlich jenen, die mit ihrer emsigen Kleinarbeit schließlich dafür sorgen, dass die kühne Vision doch irgendwie Wirklichkeit wird. Zumindest könnte man das glauben, wenn man nicht so genau hinsieht.

Von Kunden und anderen Störenfrieden

»Das Einzige, was stört, ist der Kunde«, verkündete der Titel eines recht bekannten Buchs, das Anfang der neunziger Jahre herauskam und die vermeintliche Kundenfeindlichkeit in Deutschland anprangerte. Denn der Titel war natürlich ironisch gemeint. Und tatsächlich kann nicht behauptet werden, dass der Kunde »das Einzige« ist, was stört. Doch dass er ein bedeutender Störfaktor ist, lässt sich einfach nicht bestreiten. Zumindest nicht von einem gut gelaunten Pessimisten.

Denn es ist ja keineswegs so, dass es »der« Kunde besonders gut mit uns meint und unsere Anstrengungen belohnt. Das fängt schon damit an, dass es »den« Kunden gar nicht gibt, sondern eine bunte Vielfalt unberechenbarer Menschen, die uns auf ihre ganz eigene Art das Leben schwermachen, mit Sonderwünschen, Beschwerden und miesen Tricks. »Na, wenn Sie schon so an die Sache herangehen, kann das gar nichts werden«, höre ich einige Leser aufstöhnen, denen man eingeimpft hat, sie müssten ihre Kunden lieben, dann würden sie glänzende Geschäfte mit ihnen machen. Wie man in den Wald hineinruft … Sie kennen die Redensart.

Nur ist das eben nicht die ganze Wahrheit. Es gibt Kunden, an denen Sie wenig Freude haben und an denen Sie auch nicht mehr verdienen, wenn Sie ihnen auch noch die linke Wange hinhalten, nachdem Sie sich rechts bereits eine Ohrfeige eingefangen haben. Kunden, für die Sie sich aufreiben und die bei der Konkurrenz kaufen. Kunden, die Ihre Preise drücken, bis Blut kommt. Kunden, die Sie verächtlich behandeln. Kunden, die stehlen. Kunden, die nicht zahlen. Kunden, die Sie herumscheuchen und sich später über Sie beschweren. Kunden, die es verstehen, Ihnen rein körperlich Unbehagen zu bereiten.

Rechnen Sie immer mit schwierigen Kunden

Wohlverstanden, nicht alle Kunden sind so. Ich will Ihnen auch gar nicht Ihre Kunden madigmachen. Seien Sie froh, wenn Sie welche haben, und seien Sie nett zu ihnen. Denn schließlich verdienen Sie Ihr Geld mit ihnen – oder zumindest die Firma, für die Sie arbeiten, verdient daran und gibt Ihnen von ihrem Kuchen ein paar Krümel ab. Und wir wollen ja auch nicht vergessen, dass wir selbst ebenfalls Kunden sind und es dabei oft genug mit Leuten zu tun bekommen, die uns über den Tisch ziehen wollen (→ Seite 86 ff.: »Der gut gelaunte Pessimist kauft ein«). Worum es uns hier geht, das ist, die richtige, also die pessimistische Einstellung zu unseren Kunden zu finden.

Kunden sind nicht Ihre Freunde – egal, was in den Schulungsunterlagen zum »Verkaufstraining« steht.

Dazu gehört, dass wir diesen ganzen »Kunden begeistern«-Schnickschnack erst einmal beiseitelassen. Das schont nicht nur unsere Nerven, sondern auch die des Kunden, dem dieses aufdringliche Getue häufig noch mehr gegen den Strich geht. Sie leben leichter, wenn Sie sich klarmachen: Kunden sind nicht Ihre Freunde – egal, was in Ihren Schulungsunterlagen zum »Verkaufstraining«

steht. Das schließt ja nicht aus, dass es sehr nette Kunden gibt, die Ihnen nichts Böses wollen. Aber überfrachten Sie das Verhältnis zu Ihren Kunden nicht, zum Glück ist es ein rein geschäftliches. Mit Ihren Freunden haben Sie ganz andere Probleme, denen wir uns noch zuwenden werden (→ Seite 68 ff.: »Der gut gelaunte Pessimist und seine Feunde«).

Rechnen Sie mit den schwierigen Kunden, den widerspenstigen Kunden, mit denen, die Ärger machen. Seien Sie darauf vorbereitet, dass Ihnen die dicksten Fische noch vom Haken springen und der Konkurrenz ins Netz schwimmen. Denn das kommt immer wieder vor und lässt sich leichter wegstecken, wenn wir uns das eingestehen. Manche Außendienstprofis arbeiten mit einem kleinen Trick, der einem gut gelaunten Pessimisten sehr vertraut vorkommt: Sie kalkulieren von vorneherein mit ein, dass sie nur in jedem fünften oder sechsten oder zehnten Fall zu einem Abschluss kommen. Sie arbeiten sich also durch einen Berg von Ablehnungen und nehmen es gelassen hin, wenn ihnen ständig jemand die Tür vor der Nase zuschlägt. Denn sie sagen sich: Diese vier, fünf oder neun Niederlagen am Stück gehören einfach zum Business, bevor ich einmal zum Zuge komme. Landen sie hingegen schon vorher einen Treffer, freuen sie sich aus vollem Herzen – wie ein gut gelaunter Pessimist (→ Seite 34 ff.: »Die Freuden der Selbstunterschätzung«).

Und dann gibt es natürlich noch die vielen anderen Störfaktoren, die Ihnen das Leben schwermachen: Kooperationspartner, Kontrolleure, Schulklassen, die durch Ihren Betrieb geführt werden und ausgerechnet Ihnen bei der Arbeit zuschauen wollen, Kantinenangestellte, die in Ihr Essen hineinniesen, und viele, viele andere Menschen, die Sie aus den unterschiedlichsten Gründen nervös machen. Auch die dürfen Sie nicht übersehen, wenn es darum geht, grundlos glücklich zu werden. Denn die sollen Sie ja nicht aus Ihrer guten Laune kippen lassen.

Schalten Sie um in den »Spiel-Modus«

Wir haben es bereits kurz angesprochen, als von den weniger netten Kollegen die Rede war: Manche Situationen lassen sich auf die gewohnte Art und Weise gar nicht durchstehen. Mit etwas Witz und Phantasie muss man sie verwandeln in etwas, das uns nicht länger zermürbt und ärgert, sondern uns Erleichterung und Vergnügen schafft. Mit einem Wort, in ein buntes, lustiges Spiel. Nehmen Sie Ihre nervtötenden Kollegen, Ihre schlechtgelaunten Kunden, Ihren selbstherrlichen Chef und verwandeln Sie die ganze Meute in ein Ensemble von Witzfiguren. Wenn Sie meinen, da gäbe es nicht viel zu verwandeln, weil das alles schon Witzfiguren sind, nun, so haben Sie offenbar auf dem richtigen Weg bereits einen großen Schritt getan.

Ansonsten betrachten Sie die Eigenarten Ihrer Helden etwas genauer, überlegen Sie, welche Ausdrücke für diese Leute typisch sind. Haben sie eine bestimmte Haltung, eine bestimmte Art zu gehen? Wie klingt die Stimme? Und jetzt suchen Sie sich ein Tier, das zu Ihren Helden passt. Ist Ihre Chefin eine Kobra, eine Giraffe oder eine Fledermaus? Und Ihr Kollege vom Schreibtisch gegenüber eine Kragenechse, ein Fuchs oder ein Storch? Lassen Sie Ihrer Phantasie freien Lauf. Manchmal ist es auch ganz reizvoll, ein Tier zu wählen, das von seiner Statur überhaupt nicht zu dem Betreffenden passt: Einen großgewachsenen Kollegen machen Sie zum Floh, die füllige Chefsekretärin zum Windhund. Hauptsache, Sie können sich das betreffende Tier noch vorstellen, denn Sie müssen es ja mit den typischen Eigenarten der jeweiligen Person ausstatten. Also wird etwa der Windhund etwas mehr auf den Rippen haben. Geben Sie jedem Tier einen neuen, möglichst plakativen Namen und statten Sie es mit einem typischen Accessoire aus: Mit karierten Hosen, Sonnenbrillen oder einem Toupet.

Eine Variante besteht darin, anstelle der Tiere berühmte Persönlichkeiten aus der Geschichte oder skurrile Promis zu nehmen. Was auch immer Sie tun, Hauptsache, es gelingt Ihnen, den Menschen, die Ihnen im täglichen Leben Unannehmlichkeiten bereichern, die Ernsthaftigkeit auszutreiben. Denn genau darum geht es: sie zu entzaubern. Manche Leute lassen sich überhaupt nur in dieser humoristischen Bearbeitung ertragen; in der »Originalversion« wären sie unzumutbar. Sie brauchen übrigens keine Sorge zu haben, dass die Qualität Ihrer Arbeit unter diesem stillen Vergnügen leidet. Aus eigener Erfahrung kann ich nur das Gegenteil berichten: Seit ich für kahlköpfige Löwen, bebrillte Schildkröten und Napoleon im Jogginganzug arbeite, läuft alles bestens.

Manche Leute sind in der »Originalversion« einfach unzumutbar.

Karriereplanung für Pessimisten

Vorgesetzte oder einflussreiche Menschen, die es gut mit einem meinen, wollen manchmal auf seltsame Fragen eine Antwort. »Herr Nöllke, wo möchten Sie in zehn Jahren stehen?« ist so eine seltsame Frage. Denn ein gut gelaunter Pessimist ist schon erleichtert, wenn er in zehn Jahren überhaupt noch stehen kann. Immerhin ist jemand, der steht, erstens noch am Leben. Und zweitens ist er nicht bettlägerig, zwei Dinge, die schon mal zu begrüßen sind.

Aber die Frage zielt natürlich auf etwas anderes. Man soll sich auf irgendein hehres Ziel festlegen und dem dann entgegenschuften. Und unterwegs kann man immer wieder daran erinnert werden: »Herr Nöllke, Sie wollten doch ... Haben Sie Ihr Ziel schon aus den Augen verloren?« Auf diesen albernen Trick fällt man als gut gelaunter Pessimist natürlich nicht herein. In zehn Jahren?

Vielleicht gibt es da unsere Firma, unseren Beruf, ja, unsere Spezies schon gar nicht mehr. Und dann sollen wir so Antworten geben wie: »Gebietsleiter werden« oder: »Einen Jahresumsatz von einer Million machen« oder: »Der erste deutsche Präsident der Vereinigten Staaten von Amerika werden«.

Die Wahrheit ist: Karriereplanung ist etwas, von dem man als gut gelaunter Pessimist die Finger lassen sollte. Man macht sich ja lächerlich. Karrieren lassen sich nicht planen. Heutzutage weniger denn je, da alles unsicher ist (sogar darauf, dass alles unsicher ist, kann man sich nicht mehr verlassen) und die einzigen Karrieren, die mit hoher Wahrscheinlichkeit keinen Knick bekommen, die Drogenkarrieren sind.

In zehn Jahren? Vielleicht gibt es da unsere Firma, unseren Beruf und unsere Spezies gar nicht mehr.

Das heißt ja nicht, dass man die Hände in den Schoß legt. Es ist schon richtig, dass man sich von Zeit zu Zeit Gedanken macht, ob man nicht etwas dazulernen sollte. Ob der öde Job, den man gerade macht, wirklich noch der passende ist oder ob man ihn nicht durch einen anderen ersetzen sollte.

Was Karriereplanung heute bedeutet

Aber unter Karriereplanung stellen Sie sich doch etwas anderes vor, oder? Und in der Tat sind die Leute, die sich ernsthaft ihrer Karriereplanung widmen, mit ganz anderen Dingen beschäftigt: Entweder türmen sie eine Qualifikation auf die andere, könnten wahlweise als Unternehmensberater, Callcenteragent oder Yogatrainer arbeiten und bringen die Halbgötter, die sie einstellen sollen, in Verlegenheit. »Diese jungen Leute«, klagte ein Bekannter von mir, der sich in seiner Organisation um den Nachwuchs kümmern soll, »alle top ausgebildet, aber keiner hat Ahnung.«

Oder aber die Karriereplanung richtet sich auf den langen Marsch durch die Institutionen an die Spitze. Als eine Art Bergtour, bei der es darum geht, sich der richtigen Seilschaft anzuschließen. Bei dieser Art von Karriereplanung zermartert man sich das Hirn, welche Personen man für sich einnehmen muss, arbeitet sich in deren Hobbys ein, überlegt, wer einem gefährlich werden kann und wie man dafür sorgt, dass diese hochbegabten Konkurrenten im Abseits landen. Mikropolitik nennt man das. Und den schwarzen Gürtel in dieser Disziplin tragen die zweifelhaften Charaktere, die wir oben bereits als die »weniger angenehmen Kollegen« kennengelernt haben.

Pessimisten wie Sie und ich können da kaum mithalten. Doch bedeutet das keineswegs, dass nicht auch wir hin und wieder unsere Chance bekommen. Gerade wenn sich wieder einmal herausgestellt hat, dass diese machtbesessenen Karrieristen eigentlich nur Unheil anrichten. Dann heißt es beherzt zugreifen und aufsteigen, Verantwortung übernehmen, mehr Geld einstreichen. Allerdings verursacht das ganz neue Probleme.

So vermeiden Sie Karrieresprünge

Es ist ein großer Irrtum anzunehmen, nach einer Beförderung werde das Leben leichter. Tatsächlich lässt sich oftmals das Gegenteil beobachten: Sie müssen länger arbeiten und erhalten viel weniger Geld, als Sie zunächst glaubten. Stattdessen bekommen Sie Verantwortung aufgeladen für Dinge, für die Sie eigentlich gar nicht verantwortlich sein wollen. Zum Beispiel für irgendwelche hanebüchenen Projekte, die Ihr Vorgänger angeschoben hat. Oder für einen Geschäftsbereich, der gerade den Bach runtergeht und den man vorher noch jemandem an den Hals hängen möchte, der dann gleichfalls eine gewisse Zeit lang von der Bildfläche verschwindet.

Und dann die ehemaligen Kollegen. Neidisch sind die einen,

unterwürfig die andern. Die neidischen machen Ihnen das Leben schwer. Sie sind enttäuscht, dass sie übergangen wurden. Und ihre Hoffnung ruht darauf, dass Sie scheitern werden. Die unterwürfigen hingegen sind auch nicht zu gebrauchen. Sie wetteifern darin, Ihre Aufmerksamkeit auf sich zu lenken, weil sie sich irgendwelche Vergünstigungen ausrechnen. Bleiben als dritte Gruppe diejenigen, die nur ein bisschen neidisch und nur ein bisschen unterwürfig sind, aber eben beides zugleich. An die müssen Sie sich halten.

Doch gilt bei Karrieresprüngen ohnehin höchste Vorsicht. Sie heißen ja nicht zufällig so. Nicht weil man einen großen Satz nach oben macht, sondern weil die Karriere dadurch einen Sprung bekommt, was sich aber immer erst später herausstellt. Dabei müssen gar nicht Missgunst und böse Absichten mit im Spiel sein. Vielleicht will Ihnen sogar jemand etwas Gutes tun, Sie fördern, und trägt doch dazu bei, dass Sie Schaden nehmen. Gerade wenn Sie in einer Organisation arbeiten, in der nicht mit Haken und Ösen um die wenigen Führungspositionen gekämpft wird, ist diese Entwicklung fast unvermeidlich. Denn hier gilt noch das »Peter-Prinzip«, das wir dem kanadischen Psychologen Laurence J. Peter verdanken. Es besagt: In einer Organisation wird jeder so lange befördert, bis er die Stufe seiner Unfähigkeit erreicht hat.

Jeder wird so lange befördert, bis er die Stufe seiner Unfähigkeit erreicht hat. – Das Peter-Prinzip

Als gut gelaunter Pessimist ist man also eher bestrebt, Karrieresprünge zu vermeiden, als dazu anzusetzen. Manchmal ist das jedoch gar nicht so einfach. Vor allem wenn man gute Arbeit leistet, bei den Kollegen beliebt ist und irgend so ein testosterongetriebener Karrierist von der Erfolgsleiter fällt. Dann richtet sich die Aufmerksamkeit fast zwangsläufig auf Sie. Und dann heißt es: »Ach, die soll das machen. Die hat das verdient.« Und Sie fangen auch schon an, das für eine gute Idee zu halten. Wenn es ganz schlimm kommt, dann können Sie gar nicht ablehnen. Auf Ihrer jetzigen Stelle könnten Sie sich nicht halten, als jemand, der so eine Offerte ausschlägt. Aber wenn Sie annehmen, droht ebenfalls Ungemach. Nicht nur, weil Sie mehr zu tun haben und Ihre Leidensgenossen von einst nun diejenigen sind, die unter Ihnen leiden. Es ist auch so, dass Sie sich selbst verändern. Denken Sie nur an den »Kekstest« (→ Seite 56 f.). Sie wären nicht der Erste, dem man nachsagt, die Karriere habe seinen Charakter verdorben.

Wenn Sie so etwas vermeiden wollen, müssen Sie vorarbeiten. So ist es außerordentlich hilfreich, wenn Sie als ein wenig wunderlich gelten. Oder als zu nett. Man mag Sie, Sie leisten tolle Arbeit, aber Verantwortung für diese Abteilung will man Ihnen dann doch lieber nicht anvertrauen. Auch ist es immer gut, wenn stets mindestens noch eine weitere Person vorhanden ist, die ebenfalls für den riskanten Karrieresprung in Frage kommt. Der überlassen Sie dann ritterlich den Vortritt, was Eindruck macht und Sie vor künftigen Belästigungen in dieser Sache schützt. Und schließlich gibt es noch ein Mittel, mit dem Sie sich zuverlässig jeden weiteren beruflichen Aufstieg verbauen: Sie geben sich als Pessimist zu erkennen, lassen dieses Buch hier offen herumliegen und zitieren die eine oder andere Stelle. Am besten lesen Sie die unter zustimmendem Gelächter in der Kantine vor, in Hörweite aller Vorgesetzten, die in absehbarer Zeit große Pläne mit Ihnen haben könnten. Wenn man Sie daraufhin immer noch befördern will, dann greifen Sie zu! Dieser Karrieresprung ist absolut ungefährlich.

Der gut gelaunte Pessimist und seine Freunde

Auch wenn es sich meist um ziemlich seltsame Leute handelt: Freunde sind unverzichtbar. Sie geben uns das gute Gefühl, gebraucht zu werden. Warum aber sind neidische Freunde besser als gar nicht neidische?

Haben Pessimisten überhaupt Freunde?«, fragen sich manche besorgte Leser vielleicht, Optimisten oder solche, die noch unentschlossen sind, ob sie zu uns überlaufen sollen. »Oh ja, das ist ja genau das Problem!«, lautet die Antwort. Denn als gut gelaunter Pessimist hat man mitunter schon recht merkwürdige Freunde. Oder sagen wir besser: Vielleicht fällt es einem auch nur auf, dass die Leute, die mit einem befreundet sind, nicht nur angenehme Seiten haben. Um ehrlich zu sein, fällt es einem *gerade* bei seinen Freunden auf. Wir kennen sie viel zu gut, uns können sie nichts mehr vormachen. Und schließlich sind wir auch mit ihnen befreundet, *weil* sie alles andere als perfekt sind, sondern ihre eklatanten Schwächen haben. Das heißt nicht, dass wir diese eklatanten Schwächen mögen, sondern dass wir ebenfalls unsere Schattenseiten haben und sich das unter dem Strich irgendwie ausgleicht. Sonst kann das auf Dauer nämlich nicht gutgehen, mit der Freundschaft.

> *Natürlich haben unsere Freunde nicht nur angenehme Seiten. Darum sind wir ja mit ihnen befreundet.*

Dabei steht Freundschaft in einem kolossal guten Ruf. Sie können beruflich noch so erfolgreich sein, haben Sie keine Freunde, gelten Sie letztlich doch als armer Hund. Lassen Sie es hingegen in Ihrem Job etwas entspannter angehen, werden jedoch von guten Freunden sanft durchs Leben getragen, dann ist Ihnen die allgemeine Bewunderung sicher. »Wie macht sie das bloß?«, fragen sich die Leute. Sie muss ihren Freunden irgendetwas geben, was diese bei anderen nicht finden: Liebenswürdigkeit, Zuwendung, das Gefühl, bedeutsam zu sein, solche Sachen.

Freunde sind wichtig, Freundschaften muss man pflegen, sagen alle. Sonst stirbt man früher oder wird dement. Freunde helfen uns, Freunde trösten uns, Freunde sind für uns da und hören sich geduldig an, was wir zu erzählen haben. Freunde geben uns nützliche Ratschläge und sagen offen ihre Meinung, auch wenn uns das vielleicht nicht gefällt. Auf seine Freunde kann man sich verlassen, heißt es. Und ganz falsch ist das ja nicht. Der Haken bei der Sache ist nur: Leider trifft auch das Gegenteil zu. Freunde lassen uns hängen, Freunde deprimieren uns, und ihre offene Meinung über uns verbreiten sie gelegentlich hinter unserem Rücken. Sind das überhaupt Freunde?, fragen die besorgten Leser. Aber ja, lautet die Antwort des gut gelaunten Pessimisten. So sind sie nun mal, unsere Freunde. Sie sind auch keine besseren Menschen als Sie und ich.

Gute Freunde können auch mal egoistisch sein

Es ist nämlich so: Menschen legen ihre unangenehmen Eigenschaften nicht ab, nur weil sie mit Ihnen befreundet sind. Im Gegenteil, manche entwickeln überhaupt erst welche, wenn man näher mit ihnen Bekanntschaft schließt. Erst denkt man: Ach, was für ein angenehmer, hilfsbereiter Mensch. Und Sinn für Humor hat er auch noch. Doch kaum haben Sie Freundschaft geschlossen, lassen seine Bemühungen stark nach, sich von seiner Schokoladenseite zu zeigen. Mit einem Mal entpuppt er sich als unzuverlässig, engstirnig und geschwätzig. Er belästigt Sie mit seinen Ansichten zu Themen, die Sie nun wirklich nicht interessieren. Und meinen Sie, dass er sich einmal nach Ihren Interessen und Ihren Ansichten erkundigt? Und wenn er es doch tut, dann nur, um die Sache schnell abzuhaken. Denn er braucht Sie nur als Zuhörer, als Resonanzboden für seine Ansichten, als Bestätigung dafür, wie großartig und interessant er ist. Und dabei gerät vollkommen in den Hintergrund, dass womöglich auch Sie ihn als Resonanzboden für *Ihre* Ansichten brauchen, als Bestätigung dafür, wie großartig und interessant *Sie* sind.

Daran ist übrigens gar nichts auszusetzen. Auch wenn das erst mal so klingt, als wären Sie im Grunde genauso egoistisch wie er. Sind Sie aber gar nicht. Sie sind ja bereit, ihm zuzuhören, ihm zu helfen und nachts um zwei den Hörer abzunehmen, wenn er anruft. Aber dafür möchten Sie auch etwas zurückbekommen. Ein bisschen Aufmerksamkeit, Wertschätzung, Meinungsaustausch oder ein offenes Wort unter Freunden, wie gut Sie heute wieder aussehen. In seinem Kern ist Freundschaft nämlich immer ein Verhältnis auf Gegenseitigkeit. Mal neigt sich die Waagschale in die eine Richtung, mal in die andere. Im Gleichgewicht befinden sich die Waagschalen der Freundschaft allerdings nie, dessen ist sich der gut gelaunte Pessimist sicher. Und das kann ihn manchmal an den Rand der Verzweiflung bringen.

Wozu sind Freunde da?

Das Elend fängt schon damit an, dass man manchmal gar nicht so genau weiß: Ist das schon ein Freund? Oder ist das nur ein »guter Bekannter«? Und mit dieser Unsicherheit wirkt das Unglück in beide Richtungen. Stellen Sie sich nur mal vor, Sie zählen jemanden zu Ihren Freunden. Und der lässt dezent durchblicken, dass er sich nur als Ihr Bekannter betrachtet. So etwas ist demütigend. Woran soll man sich halten? Hat man überhaupt noch Freunde, wenn der schon nicht dazugehören möchte? Oder ist man überhaupt nur von »Bekannten« umgeben, die einem nicht zu nahe kommen wollen? Vielleicht kann man sich schon auf die nächste Stufe vorbereiten: Dass einen auch die Bekannten nicht mehr kennen. Und die, die einen nicht kennen, fangen damit an, unauffällig kleine Steinchen nach einem zu werfen.

Wir brauchen Freunde. Und eben das nutzen manche von ihnen schamlos aus.

Aber nun umgekehrt: Einer Ihrer Bekannten erklärt Sie unvermittelt zu einem seiner »besten Freunde«. Auch nicht schön, oder? Man fühlt sich vereinnahmt. So als wäre man jetzt irgendwie für ihn zuständig und müsste ihm beispringen, wenn seine zahlreichen Feinde über ihn herfallen. Oder schlimmer noch, der andere tut einem leid, weil man denkt: Wenn ich schon zu seinen besten Freunden gehöre, wer sind dann die andern? Und wie viele davon werden mit Strom betrieben?

Kein Zweifel, wir alle wollen Freunde haben. Denn was wären wir ohne sie? Aufgeschmissen. Einsam. Verbittert. Wir brauchen Freunde. Und eben das nutzen manche von ihnen schamlos aus. Sie lassen uns Umzugskisten schleppen, schlechte Nachrichten an psychisch labile Lebensabschnittspartner überbringen, Bewerbungen schreiben, auf ihre Kinder und/oder Haustiere aufpassen, Geräte reparieren, Beziehungen kitten, sie auf eigenartige Veranstaltungen begleiten, weil sie dort jemanden treffen wollen, für den sie uns dann einfach stehen lassen. Und anschließend erkundigen sie sich voll Mitgefühl: »Na, hast du dich auch gut amüsiert?«

Nun ist es ja gar nicht so, dass man seinen Freunden nicht helfen möchte. Ganz im Gegenteil, es gibt eine stillschweigende Übereinkunft, die jeder Freundschaft zugrunde liegt und die lautet: Ich bin für dich da. Diese Abmachung gilt nicht nur für beide Seiten, sondern auch in beide Richtungen. Sie werden gleich verstehen, worauf ich hinauswill. Eine Freundschaft erkennt man nicht nur daran, dass der eine für den anderen da ist. Sondern auch daran, dass sich der eine an den anderen wendet, wenn er Hilfe braucht. Stellen Sie sich vor, ein guter Freund zieht um und bittet alle möglichen Leute, ihm zu helfen. Setzen wir mal voraus, Sie wären körperlich in der Lage, mit anzupacken. Aber Sie werden gar nicht erst gefragt. Das würde Ihnen doch einen Stich versetzen, oder?

Das Beglückende an Freundschaft ist die Gegenseitigkeit

Freunde, die unsere Hilfe nicht in Anspruch nehmen, sind gar keine. Denn das Wesen der Freundschaft besteht darin, dass wir den andern brauchen und er uns. So einfach ist das. Unsere Freunde geben uns das beruhigende Gefühl, dass wir gebraucht werden. Und wir zahlen es ihnen mit gleicher Münze heim und spannen sie für uns ein. Das ist das Beglückende daran. Beide Seiten haben etwas davon. So gesehen, entsteht Freundschaft immer aus einem Mangel, dem der andere ein wenig abhelfen kann. Wir brauchen unsere Freunde, weil wir alleine schwach sind, unfähig sind und keine Ahnung haben. Vor allem im Umgang mit uns selbst brauchen wir Hilfestellung. Wie sind wir eigentlich? So gut können wir das gar nicht beurteilen. Haben wir uns in einer bestimmten Situation richtig verhalten? Da sind wir im Zweifel. Unsere Freunde können es uns sagen. Denn sie kennen uns. Und wenn sie uns richtig gut kennen, dann wissen sie auch, was sie uns besser nicht an den Kopf werfen.

Nun muss man allerdings sagen, dass im täglichen Leben gegen diese sorgfältig ausbalancierte Geschäftsgrundlage ständig verstoßen wird. Von Ihnen, von mir und von unseren Freunden sowieso. Das ist die deprimierende Seite an der Freundschaft, der wir uns gleich noch ausführlicher zuwenden. Nur noch so viel: Im Großen und Ganzen lässt sich damit leben, solange sich die Sache halbwegs ausgleicht und es immer wieder diese magischen Momente freundschaftlichen Einvernehmens gibt, in denen die stillschweigende Übereinkunft wieder gilt. Mehr können Sie eigentlich nicht erwarten als gut gelaunter Pessimist.

Des einen Freud ist des anderen Neid

Unsere Freunde wünschen uns nur das Beste – versichern sie uns zumindest. Und wir sind geneigt, ihnen zu glauben. Wenn schon alle anderen gegen uns sind, dann halten doch wenigstens unsere Freunde zu uns. Ach ja, und unsere Bekannten, mit denen wir manchmal so nett plaudern, die werden sich wohl auch nicht daran stören, wenn es uns ein bisschen bessergeht. Das stimmt vermutlich sogar. Ihre Bekannten haben wohl am wenigsten daran auszusetzen, dass Sie plötzlich auf den Chefsessel katapultiert werden, Ihr Friseursalon mit einem Mal schwarze Zahlen schreibt oder Sie mit Ihrer Kurzgeschichte den Brigitte-Literaturpreis gewinnen. Sie werden Sie in den Himmel loben und sich ehrlich mit Ihnen freuen. Vielleicht sind sie sogar ein wenig stolz darauf, dass sie Ihre Bekanntschaft gemacht haben. Uns geht das ja nicht anders. Stellen Sie sich vor, Sie kommen zufällig mit jemandem am Flughafen ins Gespräch, und vier Wochen später ist der, sagen wir: Wirtschaftsminister oder Europameister im Kickboxen. Das fänden Sie doch nicht schlecht, oder? Zumindest würden Sie anerkennend nicken.

»Keiner gönnt dir den Erfolg. Am wenigsten deine Freunde.« – Oscar Wilde

Bei unseren Freunden ist das schon etwas anders. Vor allem bei den engen, richtig guten Freunden. Denn die kennen uns und unsere Schwächen nur zu gut (siehe Geschäftsgrundlage). Daher wissen sie ganz genau, dass jeder andere den Brigitte-Literaturpreis verdient hätte, aber nicht wir mit unserem einfallslosen Geschreibsel. Von dem Chefposten und dem Friseursalon wollen wir jetzt gar nicht reden. Aber es läuft auf dasselbe hinaus. Doch damit ist noch nicht erklärt, warum unsere guten Freunde so zerknirscht sind, wenn wir einen Erfolg landen. Sie könnten ja auch aus vollem Herzen mitjubeln. Es ist doch so, dass gewöhnlich dem Außenseiter die Sympathien zufliegen – allerdings eher von denen, die nicht eng mit ihm befreundet sind.

Die Sache mit dem Gleichgewicht

Der eigentliche Grund für die Zerknirschung unserer guten Freunde ist folgender: Sie müssen sich mit uns irgendwie »auf

Augenhöhe« fühlen, wie man so sagt. Das ist ja die erwähnte Geschäftsgrundlage: Wir brauchen sie, sie brauchen uns. Der Blinde stützt den Lahmen, der Lahme führt den Blinden, Sie wissen schon. Wenn jetzt aber der Lahme mit einem Mal laufen kann, braucht er den Blinden nicht mehr. Das kann dem Blinden nicht gefallen, auch wenn ihm der Lahme nach wie vor den Weg weist. Denn er ist dem anderen ausgeliefert, der sehr gut ohne ihn zurechtkommt und nur noch selten anruft. Die Sache gerät aus dem Gleichgewicht. Und zwar dauerhaft. Das Ende einer wunderbaren Freundschaft.

Kommen Sie jetzt bitte nicht mit dem schmonzigen Vorschlag, der Lahme solle den Blinden »das Sehen lehren«. Abgesehen davon, dass so etwas nur im Pädagogenmärchen klappt, wäre damit die Freundschaft erst recht am Ende. »Schönen Tag noch«, wünscht der Exlahme dem Exblinden, und beide gehen ihrer Wege. Der Blinde müsste sich vielmehr auf eine andere Schwachstelle des Exlahmen werfen und sich dort unentbehrlich machen. Vielleicht könnte der Blinde ja eine Art Lebensberater oder »Lifecoach« des ehemals Lahmen werden. Denn wo sich noch jedes Mal Schwachstellen haben finden lassen, das ist unser Seelenleben. »Gebt mir einen gesunden Menschen, und ich werde ihn heilen!« Dieses alte Psychoanalytiker-Credo gilt auch und besonders unter guten Freunden.

Es ist besonders bitter, wenn enge Freunde ein Stockwerk höhergeliftet werden, während wir in der Tiefgarage des Erfolgs steckenbleiben.

Aber zurück zum Thema Neid und Augenhöhe: Je nachdem, auf welchem Gebiet Sie Ihren Erfolg feiern, wird sich Ihr guter Freund auch die quälende Frage stellen: »Warum die? Und nicht ich?« Sagen wir es offen: Es ist eine Niederlage, und zwar eine besonders bittere, wenn jemand, mit dem uns so viel verbindet, ein Stockwerk höhergeliftet wird, während wir in der Tiefgarage des Erfolgs steckenbleiben. So etwas will erst mal verkraftet sein. Unter gewöhnlichen Umständen würden wir jetzt Zuspruch bekommen – von unseren guten Freunden. Denn dafür sind sie ja da. Doch dieser Weg ist uns jetzt versperrt, zumindest was den großen Triumphator betrifft, der sich an seinem Erfolg weidet. Und wenn der Eindruck nicht trügt, weidet er sich ganz besonders daran, dass er das Rennen gemacht hat und nicht wir.

Aber es kommt noch schlimmer: Nicht genug damit, dass wir eine klaffende Wunde im Herzen tragen, wir müssen den großen Triumphator auch noch beglückwünschen und uns gehörig mitfreuen. Schließlich sind wir ja befreundet. So etwas ist eine entsetzliche Qual, die Sie Ihren guten Freunden unbedingt ersparen sollten, wenn Sie einmal einen großen Erfolg einheimsen und sich feiern lassen. Halten Sie die Sache wenigstens kurz. Zumal es natürlich so ist, dass die guten Freunde tief in ihrem Innern ganz genau wissen, dass es kein feiner Zug ist, seinen Freunden ihre Erfolge zu missgönnen. Menschlich gesehen, ist das ein Desaster. Aber es hilft ja nichts, Desaster hin oder her. Und so reißen sie sich zusammen und spielen uns eine widerwärtige Komödie vor. Mal ehrlich: Hätten Sie das von Ihren guten Freunden gedacht?

Ein kleiner Trick kann Freundschaften retten

Dabei müssen wir die Neider hier ausdrücklich in Schutz nehmen. Denn sie haben ja recht. Große Erfolge gefährden Ihre Freundschaft und sie fördern ungute Eigenschaften zutage. Es gibt eigentlich nur eine Möglichkeit, das zu verhindern und dafür zu sorgen, dass sich Ihre guten Freunde doch mit reinem Herzen mitfreuen können: Diese müssen glauben, sie hätten zu Ihrem Erfolg maßgeblich beigetragen. Um ihnen das einzureden, müssen Sie keine großen Widerstände überwinden. Denn aus der Psychologie wissen wir, dass Menschen schon ganz von allein dazu neigen, ihren persönlichen Einfluss hoffnungslos zu überschätzen. »Kontrollillusion« nennen das die Wissenschaftler. Und wie die Psychologin Ellen Langer herausgefunden hat, ist die Kontrollillusion immer dann besonders groß, wenn es um Erfolge geht, zu denen man nicht das Geringste beigetragen hat. Wie das eben bei Erfolgen ganz allgemein üblich ist.

Wenn Freunde gar nicht neidisch sind

Ich weiß schon, was die Optimisten unter Ihnen mir jetzt sagen wollen: Es gibt aber auch Freunde, die nicht im Geringsten neidisch sind. Die sich wirklich darüber freuen, wenn einem mal etwas gelingt. Ja, manche freuen sich darüber sogar noch mehr als man selbst. Auch wenn Sie jetzt das Gegenteil hören wollen: Das ist kein gutes Zeichen. Denn solche Freunde freuen sich nur deswegen so königlich, weil sie sich ausrechnen, sie selbst könnten davon profitieren. Sie sind ja mit Ihnen befreundet, also fällt schon noch etwas für sie dabei ab. Und was das Schlimmste ist: Oft genug geht dieses schmierige Kalkül auch noch auf. Angenommen jetzt, dass Ihr Erfolg keine Eintagsfliege ist, sondern dass Sie sich auf dem Chefsessel halten können, Ihr Friseursalon auch im nächsten Monat noch schwarze Zahlen schreibt und sich die Verlage um Ihre Kurzgeschichten reißen. Ganz klar, die guten Freunde, die Sie in schwerer Stunde getröstet und aufgebaut haben, werden Ihnen nach und nach wegknicken. Was Ihnen bleibt, sind die gar nicht neidischen Freunde. Und Ihre Jugendfreunde, die außer Konkurrenz laufen und die man ohnehin nur schwer wieder loswird.

Manche Freunde freuen sich über Ihren Erfolg mehr als Sie selbst. Das ist kein gutes Zeichen.

Die gar nicht neidischen Freunde sind allzeit bereit, ein Hohelied auf Sie anzustimmen. Vielleicht wollen sie ein »gemeinsames Projekt« mit Ihnen starten, vielleicht wollen sie auch einfach nur

Ihre Kontakte nutzen oder von Ihnen empfohlen, befördert oder »inspiriert« werden, worunter zu verstehen ist, dass sie Ihnen die Ideen klauen. Denn um es aus der Sicht des gut gelaunten Pessimisten zu sagen: Einem gar nicht neidischen Freund geht es nur um eines: Sie zu seinem eigenen Vorteil auszunutzen. Daher werden Sie ihn auch recht schnell wieder los, wenn (a) sich Ihr Stern im Sinken befindet, (b) Sie doch nichts für ihn tun oder (c) der gar nicht neidische Freund jemanden entdeckt, der noch mehr für ihn tun kann als Sie. Insoweit ist es immer auch ein Gradmesser, für wie einflussreich und bedeutsam Sie gehalten werden, wenn Sie von vielen gar nicht neidischen Freunden umgeben sind, die Ihnen alles erdenkliche Glück wünschen und das auch noch ehrlich meinen. Als gut gelaunter Pessimist kommt man dann doch lieber auf seine bewährten neidischen Freunde zurück. Denn auf eines können Sie sich bei denen immerhin verlassen: Wenn es richtig schlecht für Sie läuft, sind die für Sie da. Ja, sie laufen erst dann zu großer Form auf. Und weil es gar nicht zu vermeiden ist, dass es früher oder später richtig schlecht läuft, müssen wir uns unsere guten, neidischen Freunde irgendwie warmhalten. Und sie auch in guten Zeiten immer wieder mit schlechten Nachrichten füttern, an denen bei einem gut gelaunten Pessimisten niemals Mangel herrscht. Denn wir züchten sie ganz nebenbei wie andere Leute ihre Brunnenkresse. Das heißt natürlich, allzu schlecht dürfen die Nachrichten auch wieder nicht ausfallen. Allzu übel darf das Schicksal uns auch wieder nicht mitspielen. Denn sonst lassen uns auch die neidischsten Freunde irgendwann fallen.

Freunde im Unglück

Wahre Freunde erkennst du in der Not, heißt es. Da ist natürlich etwas dran. Wenn Sie einem Freund beistehen, der gerade schwere Zeiten durchmacht, dann steigen Sie nicht nur in seiner Achtung (wenigstens zeitweise, wie wir gleich sehen werden), sondern auch in Ihrer eigenen. Wir fühlen uns gut, wenn wir für jemanden da sein und ihm helfen können. Noch dazu, wenn wir denjenigen mögen. So weit sind wir uns einig.

Es ist nur so: Wenn es richtig zur Sache geht, dann kommen Sie mit dieser sonnigen Einstellung nicht so einfach davon. Vielleicht müssen Sie sich eingestehen, dass Sie dem andern nicht helfen können. Vielleicht kommen Sie gar nicht mehr so recht an ihn heran. Vielleicht stellt er Anforderungen, denen Sie sich nicht gewachsen fühlen und die sie nicht erfüllen möchten. Dann ist es vorbei mit dem Wohlfühl-Bonus. Sie sind hilflos, es geht Ihnen miserabel. Ob Sie nun anrufen, zu Besuch kommen oder etwas gemeinsam unternehmen, alles zieht Sie nur herunter. Und es wird immer schlimmer. Irgendwann kippt die Sache: Ihre Anrufe werden seltener, zu Besuch kommen Sie gar nicht mehr. Und schließlich haben Sie Ihren armen Freund aus den Augen verloren. Kein Glanzstück, aber so ist das Leben, sagen Sie sich zerknirscht und wenden sich erfreulicheren Dingen zu, von denen es ja eine ganze Menge gibt.

Vermutlich kann jede Freundschaft nur ein bestimmtes Maß an Unglück aushalten.

Und umgekehrt? Umgekehrt läuft es natürlich genauso. Je tiefer Sie sich in Ihr Unglück verstricken, umso weniger wahre Freunde werden Ihnen bleiben, um Ihnen da wieder herauszuhelfen. Leider neigen wir dazu, immer unausstehlicher zu werden, je länger und je tiefer wir im Dreck stecken. Manchmal hat es den Anschein, als würden wir uns alle Mühe geben, die wenigen, die uns bis zuletzt beistehen wollen, auch noch zu vergraulen. Natürlich muss es nicht so weit kommen. Aber vermutlich kann jede Freundschaft nur ein bestimmtes Maß an Unglück aushalten. Zumindest, wenn es so einseitig verteilt ist.

Warum uns unsere Freunde so enttäuschen

Dass unsere Freunde uns irgendwann nicht mehr aus unserem Unglück heraushelfen, ist die eine Sache. Die andere, dass sie uns überhaupt erst unglücklich machen. Denn kaum jemand sonst bringt es fertig, uns so gründlich zu deprimieren, wie unsere Freunde. Das liegt daran, dass wir erwarten, dass sie für uns da sind. Und sie sind es nicht. Dass wir möchten, dass sie auf uns Rücksicht nehmen. Und sie nehmen keine Rücksicht. Dass wir wollen, dass sie uns mögen. Und sie mögen uns nicht genug, glauben wir.

Aus der Sicht unserer Freunde stellt sich die Sache natürlich ganz anders dar. Die einen fühlen sich vernachlässigt, die anderen bedrängt. Wir haben es ja bereits angedeutet: Freundschaften befinden sich selten im Gleichgewicht. Nehmen wir zum Beispiel den Fall: Sie legen sich für den andern krumm, hören sich seine Liebeskummergeschichten an, päppeln ihn wieder auf und so weiter, Sie wissen schon. Und der andere belohnt Sie einzig und allein damit, dass er Ihre Hilfe in Anspruch nimmt. Ansonsten tut er für Sie – gar nichts.

Auch wenn Sie sich über den Turbo-Egoisten ärgern, solche Freundschaften können ewig halten.

Daran muss man sich erst einmal gewöhnen. Aber von alleine wird der andere nie auf die Idee kommen, Ihnen einen Gefallen zu tun. Und bitten Sie selbst ihn einmal um Hilfe, dann würde er Ihnen wirklich gerne beispringen, doch dummerweise klappt es nicht. Aber beim nächsten Mal ganz bestimmt. Auch wenn Sie sich immer wieder über den andern ärgern, ja, ihn verwünschen, weil da nichts zurückkommt, solche Freundschaften können ewig halten. Denn der andere besitzt irgendeine magische Fähigkeit, die es ihm erlaubt, Sie immer wieder für sich einzuspannen. Vielleicht ist er so unterhaltsam, charmant oder interessant, vielleicht gehört er zu Ihren Jugendfreunden, die man ja wie erwähnt besonders

schwer wieder loswird. Oder vielleicht mögen Sie ihn einfach, diesen famosen Turbo-Egoisten. Weil Sie sich immer so herrlich über ihn aufregen können.

Wenn Freundschaft auf die Nerven geht

In einem anderen Fall sind vielleicht Sie diejenige, der geholfen wird und die irgendwie nicht dazu kommt, ihre Bringschuld abzutragen. Die andere ist ja nett und hilfsbereit, aber irgendwie auch ein wenig aufdringlich. Um ehrlich zu sein, bedeutet sie Ihnen eigentlich nicht viel. Ständig ruft sie bei Ihnen an, möchte mit Ihnen Kaffee trinken und sich nett unterhalten. Das ist ja schon in Ordnung, aber sie übertreibt es einfach. Von Zeit zu Zeit bringen Sie das Opfer, sie aufzusuchen und sich mit exquisiten Konditoreierzeugnissen den Bauch vollzuschlagen, was Ihrer Linie ganz bestimmt nicht guttut. Aber damit ist auch erst mal genug. Das heißt, nächste Woche fahren Sie in den Urlaub und Sie brauchen noch jemanden, der sich um die Pflanzen kümmert …

Und dann gibt es noch die Variante, dass beide Seiten voneinander enttäuscht sind. Entweder wechseln sie sich nach dem Pingpong-Prinzip ab: Diesen Monat hat der andere wieder überhaupt keine Zeit für Sie. Angeblich ist er beruflich so eingespannt. Und mit der Familie. Und überhaupt. Später erfahren Sie, was er alles unternommen hat und mit welchen Freunden er zusammengetroffen ist. Im nächsten Monat gehen Sie auf Tauchstation. Einmal natürlich, weil Sie ein wenig gekränkt sind. Dann aber haben Sie wirklich viel zu tun. Und dann kommen noch Bekannte zu Besuch. Und so weiter. Sie verstehen gar nicht, wieso der andere so gereizt reagiert. Der hat doch nun wirklich keinen Grund.

Die Alternative zum Pingpong-Prinzip heißt: Gleichzeitig voneinander enttäuscht sein. Oh ja, das geht ohne weiteres. Beide Seiten sind überzeugt, sie selbst würden die Sache richtig angehen, aber die andere Seite benimmt sich rätselhaft oder undankbar. Was hat sie nur wieder? Warum lässt sie uns auflaufen? Hat sie denn vergessen, was wir alles für sie getan haben?

Wie Sie Enttäuschungen vermeiden können

Dass wir so oft von unseren Freunden enttäuscht sind – und unsere Freunde gleichzeitig von uns –, dafür scheint es eine einfache Erklärung zu geben, wie der Psychologe Francis Flynn, Professor an der Universität Stanford, herausgefunden hat. Demnach liegt es daran, dass wir einen Gefallen, den wir jemandem erweisen, anders bewerten als der Nutznießer. Jetzt glauben Sie vielleicht, dass wir ihn für größer halten. Aber so ist es gar nicht. Zunächst ist es geradewegs umgekehrt: Wer von uns eine Wohltat empfängt, der schätzt sie erst mal sogar höher ein als wir selbst, meint Flynn. Er überhäuft uns mit Dankesbekundungen und verspricht uns das Blaue vom Himmel herunter, was wir bescheiden ablehnen. Was ein Fehler ist.

Denn im Laufe der Zeit kehrt sich die Bewertung um: Während der Gefallen für die anderen immer unwichtiger wird, halten wir ihn für immer bedeutender. Wir können uns noch Jahre später daran erinnern, dass wir auf ihre Kinder aufgepasst haben, als sie dieses wichtige Vorstellungsgespräch hatten. Während die das schon vergessen haben und sich nur noch entsinnen, dass sie uns ihr Auto geliehen haben, mit dem wir einen Betonpfeiler gestreift haben.

Wenn Flynn recht hat, dann sind solche Verschiebungen die natürlichste Sache der Welt und kaum zu vermeiden. Daraus ergibt sich der praktische Ratschlag für den gut gelaunten Pessimisten: Haben Sie einem Freund einen Gefallen getan, dann bitten Sie möglichst rasch um einen Gegengefallen. Nur keine Scheu vor großen Wünschen. Denken Sie daran: Wenn alles mit rechten

Dingen zugeht, ist der andere von Ihrer Hilfe noch mehr angetan, als Sie es gerade sind. Er wird Ihnen keinen Wunsch abschlagen. Also nutzen Sie die Stunde. Und seien Sie flexibel. Womöglich sollten Sie umfangreiche Renovierungsarbeiten ein paar Monate vorziehen.

Wie man neue Freunde gewinnt

Seine besten Freunde findet man in der Jugend, heißt es. Wenn man näher darüber nachdenkt, dann sind das doch recht deprimierende Aussichten. Denn es heißt ja nichts anderes, als dass all die interessanten, hilfsbereiten, sympathischen Menschen, die Sie noch nicht kennen, in diesem Leben nicht mehr Ihre Freunde werden. Sondern Sie müssen sich mit denen zufriedengeben, die Sie schon länger mit sich herumschleppen. An die Sie sich gewöhnt haben und die auch mit Ihnen irgendwie zurechtkommen.

Wer mit seinen vorhandenen Freunden schon genug am Hals hat, sucht sich nicht noch welche.

Das muss aber nicht so sein. Sie können sich auch später noch Freunde aufladen. Auch wenn man als Pessimist sagen muss, dass es im Laufe der Jahre nicht gerade einfacher wird, solche Leute aufzuspüren und für sich einzunehmen.

Denn zunächst einmal müssen die überhaupt dafür offen sein, neue Freundschaften zu schließen. Wer mit seinen vorhandenen Freunden schon genug am Hals hat, der sucht sich nicht noch welche. Und auch wenn Sie die Initiative ergreifen, lässt Sie so jemand nicht mehr zusteigen. Denn alle Plätze im Kleinbus der Freundschaft sind schon besetzt. Erst wenn einer wieder aussteigt, kann sich vielleicht etwas ergeben.

Und damit kommen wir zu Punkt zwei: In wessen Kleinbus noch gähnende Leere herrscht, der erregt dringenden Verdacht, dass er nicht gerade zu den angenehmsten Zeitgenossen gehört. Ja, manche dieser Kleinbusse erwecken den Eindruck, dass da noch nie ein menschliches Wesen Platz genommen hat.

Punkt drei: Freundschaften brauchen Zeit und müssen sich erst entwickeln. Es genügt ja nicht, hin und wieder mit jemandem zusammenzutreffen und ihn nicht furchtbar zu finden, damit eine Freundschaft daraus wird. Sagen wir es kurz und knapp: Vielen fehlt einfach die Zeit, neue Freundschaften einzugehen. Es gelingt ihnen ja kaum, die alten so zu pflegen, dass sie noch ruhigen Gewissens behaupten können: »Ja, wir sind befreundet.« Und viele behaupten das ohnehin nur aus reiner Gewohnheit. Womit auch gleich erklärt ist, warum die Freundschaften, die man in der Jugend geschlossen hat, so zählebig sind.

Punkt vier: Es ist ein pessimistisches Grundgesetz, dass sich nur die Leute für uns brennend interessieren, mit denen wir nicht das Geringste anfangen können. Der Gesprächsstoff würde nicht einmal für eine gemeinsame Fahrt auf der Rolltreppe reichen. Während man die faszinierenden Persönlichkeiten mit Charme, Humor und Tiefgang daran erkennt, dass sie augenblicklich verstummen, sobald wir auf der Bildfläche erscheinen. Und kurz darauf das Weite suchen.

Bleiben Sie wählerisch bei der Wahl Ihrer Freunde

Punkt fünf: Je älter die Leute werden, umso wählerischer werden sie in puncto Freundschaft. Früher sind wir mit jedem Depp um die Häuser gezogen. Heute ziehen wir nur mit den Deppen um die Häuser, mit denen wir schon damals um die Häuser gezogen sind, aber nur, weil das heute unsere Freunde sind. Bevor Sie jetzt Einspruch erheben und darauf hinweisen, dass Sie noch gar nicht so alt sind: Dieser Prozess, der dazu führt, nicht mehr mit jedem Depp um die Häuser zu ziehen, beginnt Mitte zwanzig. Und natürlich gibt es Leute, die mit sechzig ebenso wenig wählerisch sind wie mit sechs. Ich hoffe nur, dass Sie nicht dazugehören.

Alles zusammengenommen, sind das nicht gerade günstige Bedingungen. Mit anderen Worten: Für einen gut gelaunten Pessimisten ist das geradezu ein Heimspiel. Halten Sie sich einfach an die alte Pessimistenregel: Wenn du dir ganz fest vornimmst, jemanden kennenzulernen, dann lernst du niemanden kennen. Wenigstens keine Freunde. Also müssen wir wie üblich einen Umweg gehen, um Leute kennenzulernen, die nicht krampfhaft neue Leute kennenlernen wollen. Und das kann man am besten, indem man an seinen Hobbys und Interessen andockt: Sport, Haustiere, Mal- und Sprachkurse, Kultur, Kochen, Hirnforschung und Gedöns. Der große Vorteil bei der Sache: Auch wenn Sie da auf lauter Stoffel treffen, mit denen Sie ansonsten nicht viel anfangen können, ist das keine vertane Zeit. Sondern Sie lernen beispielsweise Japanisch oder wie man seinen Hund massiert. Lauter nützliche Sachen, mit denen man vielleicht irgendwann mal punkten kann. Zum Beispiel auf einer Party (→ Seite 177 ff.: »Der gut gelaunte Pessimist auf der Party«), auf der man ja auch hin und wieder mit Leuten ins Gespräch kommt, die einen für einen netten und interessanten Menschen halten sollen. Vielleicht sogar für so nett und interessant, dass man Bekanntschaft schließen möchte. Das wäre natürlich purer Zufall, aber auf solche Fälle sollten Sie als gut gelaunter Pessimist vorbereitet sein.

Der gut gelaunte Pessimist kauft ein

Bevor wir einkaufen, werden wir verkauft – und zwar für dumm. Hier erfahren Sie, warum Einkaufsparadiese die Hölle sind, neue Geräte schlechter funktionieren als die alten und man am besten in Pessimistengeschäften einkauft.

Offen gesagt: Für einen Pessimisten ist Einkaufen immer eine Qual. Sogar wenn er Dinge erwirbt, an denen er später seinen Spaß hat, was ja gelegentlich vorkommt, ist der Einkauf selbst niemals angenehm. Und er sollte es auch gar nicht sein. Denn wenn Sie als Pessimist anfangen, Ihre Einkäufe zu genießen, dann machen Sie grundsätzlich etwas falsch. Es besteht der Verdacht, dass man Sie hereinlegt, Ihnen etwas vorgaukelt und Sie glauben lässt, die kanariengelbe Jacke mit den lila Punkten unterstreiche Ihren Typ. Außerdem bräuchten Sie noch einen Gürtel, Schuhspanner und ein Nahrungsergänzungsmittel, das Sie so sehr abmagern lässt, bis sich Ihre Jacke in ein paar Wochen auch zuknöpfen lässt. Nein, die besten Einkäufe sind immer noch die, die keinen Spaß gemacht haben, bei denen Sie ein Mindestmaß an Widerstand und Widerwillen aufgeboten haben. Außerdem sind die Einkäufe in ausgewählten Pessimistengeschäften noch dazuzurechnen, auf die wir am Ende dieses Kapitels näher zu sprechen kommen. Doch Pessimistengeschäfte sind leider dünn gesät. Und es werden immer weniger – wie sollte es bei Pessimistengeschäften schließlich auch anders sein?

Wenn Sie anfangen, Ihre Einkäufe zu genießen, machen Sie grundsätzlich etwas falsch.

Kurzum, Einkaufen ist furchtbar. Und es wird von Tag zu Tag noch schlimmer. Manche behaupten zwar das Gegenteil, aber das sind Leute, die bei diesem Thema vorbelastet sind. Entweder handelt es sich um »Shopoholics«, die dem Einkaufen verfallen sind wie einer Sucht. Oder aber es sind Leute, die ihr Geld damit verdienen, anderen einzureden, Einkaufen sei eine prima Sache. Man habe Spaß dabei, man könne es genießen, das Ganze sei ein unvergleichliches »Erlebnis«. Tatsächlich sprechen diese Leute vom »Einkaufserlebnis« oder sogar vom »Erlebniseinkauf«. Das heißt nicht etwa, dass man irgendwo Erlebnisse einkaufen könnte, nein, ein »Erlebniseinkauf« findet in dafür vorgesehenen Shopping-Centern statt. Da gibt es gläserne Kuppeln und Rundbögen, Kübel mit exotischen Pflanzen, Springbrunnen, Eiscafés, süßliche Einkaufsdüfte und viele andere Dinge, die ein moderner Mensch braucht, um beim Einkaufen ein Erlebnis zu haben. Ohne Erlebnis kein Einkauf. So ist das heute, sagen die Experten. Das ist die Erlebnisgesellschaft. Und deshalb denken sich die zuständigen Marketingmenschen immer neue tolle Sachen aus, laden Prominente ein oder lassen Clowns und Jongleure auf die erlebnishungrige Kundschaft los. In Berlin fand kürzlich ein »sexy Mitternachtsshopping« statt, mit Flirtschule, Speeddating und Unterwäschemodenschauen. Was die Leute halt so anlockt, wenn sie spätabends noch darüber nachdenken: Und wo gehe ich jetzt einkaufen?

Im sechseckigen Einkaufsparadies

Dass solche Shopping-Center ein Hort der Entspannung und der guten Laune sind, kann sich eigentlich nur jemand weismachen lassen, der so eine gesichtslose Kunstwelt noch nie betreten hat. Tatsächlich herrschen dort Hektik und Missmut, und es liegt eine untergründige Spannung in der klimatisierten Luft. Ehepaare, die man dort antrifft, erwecken den Eindruck, als stünden sie kurz vor der Scheidung. Einzelpersonen wirken orientierungslos, deprimiert oder sind in Eile. Und wenn jemand dort entspannt herumschlendert, dann gehört er zum privaten Sicherheitsdienst, der aufpasst, dass Sie keine Dummheiten machen. Nein, ein Shopping-Center ist kein Ort, an dem man gerne verweilt. Und das ist eigentlich auch gar kein Wunder. Denn solche Shopping-Center wurden ja nicht gebaut, damit Sie und ich uns dort wohl fühlen. Sondern damit wir dort einkaufen. Und Einkaufen ist eben kein Spaß.

Diesen Befund bestätigt der amerikanische Autor Douglas

Rushkoff. Er nennt Untersuchungen, mit denen man herausfinden wollte, warum Menschen in Shopping-Centern einkaufen. »Erstaunlicherweise war niemand der Ansicht, es sei angenehm«, schreibt Rushkoff. Stattdessen kommen die Leute hierher, weil sie die schiere Größe beeindruckt und anlockt. Der zweite Grund hängt damit zusammen, dass sie Ablenkung von ihren Sorgen suchen und ihrer Einsamkeit entkommen möchten. Und als dritten Grund nennen die Leute Neugier: Sie wollen mal sehen, was es so an aktuellem Krempel zu kaufen gibt. Und genau hier setzen die Planer der Shopping-Center an.

Orientierungslos dank »Gruen-Effekt«

Denn natürlich ist es kein Zufall, dass Shopping-Center solche ungemütlichen Orte sind, die sich nur ertragen lassen, wenn man zwischendurch in eines dieser tageslichtlosen Cafés flüchtet, um sich ein Spaghetti-Eis oder so etwas Kalorienbombenhaftes einzulöffeln. Vielmehr stecken Absicht und Kalkül dahinter. Ganz gezielt sollen die Kunden desorientiert werden. So haben viele Shopping-Center einen sechseckigen Etagengrundriss, denn darin finden wir uns besonders schlecht zurecht. Die Gänge knicken in verwirrenden Winkeln ab, so dass wir nach kurzer Zeit nicht mehr so genau wissen, wo eigentlich noch mal der Ausgang liegt. Temperatur und Licht bleiben immer gleich, damit wir in diesem Einkaufsparadies auch zeitlich die Orientierung verlieren. Fachleute nennen das den »Gruen-Effekt« – benannt nach dem österreichischen Architekten Victor Gruen, der in den USA das erste Shopping-Center entworfen hat. Wir sollen »von einem Kunden mit einem bestimmten Produkt im Kopf zu einem ziellos getriebenen Käufer« gemacht werden, meint Rushkoff.

Zur Ruhe kommen wir in diesen Glitzerwelten nur dort, wo es etwas kostet: in den Kunstlicht-Cafés oder in eigens dafür vorgesehenen »Relaxing-Zonen« mit abgeschirmten Entspannungssesseln oder sanft vibrierenden Massageliegen. Dabei muss man sagen, das eigentlich Abstoßende an diesen Shopping-Centern ist gar nicht mal, dass uns hier an jeder Ecke das Geld aus der Tasche gezogen werden soll. Vielmehr ist es die elende Verlogenheit, die kaum zu ertragen ist. Schon der Begriff »Erlebniseinkauf« kann leichte Übelkeit erregen. Ein Erlebnis ist etwas Unvorgesehenes, etwas Bedeutsames für uns, es lässt sich nicht vorschreiben und nicht herstellen, es kann uns aus der Bahn werfen und unser ganzes Leben umkrempeln. Bei einem Erlebnis geht es immer um uns selbst. Beim »Erlebniseinkauf« findet geradewegs das Gegenteil statt. Wir werden nach Strich und Faden manipuliert und sollen das dann für unser eigenes »Erlebnis« halten. Als gut gelaunter Pessimist betritt man ein Shopping-Center daher stets mit äußerstem Widerwillen. Dann kann man dort aber ganz entspannt einkaufen. Denn die Waren, die man dort bekommt, sind auch nicht schlechter als anderswo. Oder sagen wir es treffender: Sie sind genauso miserabel, teuer und unnütz. Das gilt vor allem für Produkte, die technisch auf dem neuesten Stand sind.

Unter Kannibalen

Oh ja, heutzutage stehen die Unternehmen unter einem gewaltigen Innovationsdruck. Kaum bringen sie ein neues Produkt auf den Markt, ist es auch schon wieder veraltet. Die Produktgenerationen lösen einander immer schneller ab, sie »kannibalisieren« sich in immer kürzeren Abständen, wie es heißt. Nun sollte man aber nicht glauben, die Kunden würden diesen Irrwitz »verlangen«. Im Gegenteil, die wären ja schon zufrieden, wenn man sie mit ihren alten Geräten glücklich werden ließe und nicht ständig neue Wunderwerke nachschieben würde, die ebenso unausgereift und störanfällig sind wie ihre Vorgänger. Das heißt, eigentlich sind sie noch störanfälliger, denn sie werden immer komplexer. Der Hauptzweck der nachrückenden Kannibalen besteht ohnehin nur darin, Vorgänger- und Vorvorgängermodelle zu schaffen, auf die jemand mit einem brandaktuellen Gerät mitleidig herabschauen kann. Dass sein Gerät auch nicht besser funktioniert, merkt er erst, wenn diesem bereits ein neuer Kannibale im Nacken sitzt und an seinen Marktanteilen nagt.

Nehmen wir das Mobiltelefon: Es gibt kein Handy, mit dem man einfach nur telefonieren könnte. Es muss mit zahlreichen Zusatzfunktionen ausgestattet werden, auch wenn viele Kunden die gar nicht nutzen wollen. Denn ein Gerät, mit dem man einfach nur telefonieren kann, lässt sich ja viel schlechter ersetzen durch ein Gerät, mit dem man ebenfalls einfach nur telefonieren kann. Deshalb können Sie mit Ihrem Handy fotografieren, Musik hören, Termine und Adressen verwalten, durchs Internet surfen und demnächst auch Ihren Blutdruck messen, Ihre Steuererklärung machen und sich dieses Buch hier auf den Hintern tätowieren.

Kannibalen-Produkte sind so innovativ, dass normale Menschen sie nicht mehr benutzen können.

Dabei haben die Handys gegenüber anderen Apparaten einen wesentlichen Vorteil: Immerhin kann man mit ihnen telefonieren, und damit erfüllen sie dann doch irgendwie ihren Zweck. Nicht ganz so einfach war das bei den normalen Telefonanschlüssen, die »auf DSL umgestellt« wurden. Es ist ja noch gar nicht so lange her, da wurde uns diese neue Technik angeboten, um den vormals so komfortablen ISDN-Anschluss mit seinen zwei Leitungen und drei Rufnummern zu ersetzen (wer braucht schon drei Rufnummern, wenn man Schwierigkeiten hat, sich eine einzige zu merken?). Unser ISDN-Anschluss war jetzt aber veraltet, »kannibalisiert« durch die Zukunftstechnologie DSL. Das Erstaunliche dabei war allerdings, dass wir die Umstellung selbst vornehmen sollten.

Wir bekamen Pakete zugeschickt mit sogenannten »Splittern«, Kabeln, CDs und anderem Technikgerümpel. Die Installation war auf mehreren Beiblättern beschrieben und sollte kinderleicht sein. Weil aber der technologische Fortschritt der Installationsanleitung bereits enteilt war, stießen wir doch auf Schwierigkeiten, die sich nur mit Unterstützung der telefonischen Hotline und/oder eines Fernmeldetechnikers beheben ließen. Ältere Mitbürger ließen ihre Pakete mit den »Splittern« vorsichtshalber ungeöffnet herumliegen und waren nach erfolgter Umstellung einige Wochen telefonisch nicht erreichbar. So ist das eben mit den Kannibalen-Produkten: Sie sind so innovativ, dass normale Menschen sie nicht mehr benutzen können.

Doch wenn so ein DSL-Anschluss einmal funktioniert, dann will man auch nicht mehr auf ihn verzichten. Gar nicht mal, weil man jetzt schneller durchs Internet surfen kann. Der größte Vorteil der Digitalisierung besteht in der Anzeige der Rufnummern. So braucht man jetzt nicht mehr ans Telefon zu gehen, weil man schon vorher weiß, wer dran ist. Und wenn auf dem Display die Meldung »Rufnummer unbekannt« erscheint, dann kann es dafür nur zwei Gründe geben: Jemand mit einem alten, noch nicht kannibalisierten Anschluss ruft an, oder aber es handelt sich um einen jener vertrauenswürdigen Anrufer, die die Funktion »Rufnummer unterdrücken« betätigt haben.

Wem Beratungsgespräche nützen

»Sie sind ja schon so lange bei uns Kunde«, plärrte die Stimme am anderen Ende der Leitung, aus irgendeinem Call-Center, zu dessen Auftraggebern auch die Firma gehörte, die meinen Handyanschluss verwaltet, »da haben Sie Anspruch auf eine kostenlose DSL-Beratung.« Es wird zunehmend beliebter, Verkaufsgespräche als selbstlosen Dienst am Kunden zu tarnen und sie »Beratung« zu nennen. Denn natürlich hat niemand Lust, sich freiwillig von einem Verkäufer das Ohr abquatschen zu lassen, ehe er irgendein Gerümpel bestellt. Telefonisch sind solche »Kaltakquisen« ohnehin verboten, was aber niemanden daran hindert, mit »unterdrückter Rufnummer« bei uns anzurufen, um uns Weinpakete, Zusatzrenten, Presseausweise, Containerschiffe oder andere praktische Dinge des täglichen Bedarfs zu verkaufen.

Beim Telefon kann man immerhin auflegen, wenn es einem zu bunt wird. Bei einem persönlichen Beratungsgespräch kommt man nicht so schnell davon. Darum strengen sich viele Verkäufer an, mit Ihnen einen solchen Termin zu vereinbaren. Denn sie sind sich sicher, dass er erst beendet ist, wenn Sie einen Kaufvertrag unterschrieben haben. Mindestens einen. Allerdings gibt es Vertreter, die auch dann noch weiterquatschen, bis man sie rauswirft.

Warum Verkäufer keine Zeit haben

Schwieriger ist es schon, einen Verkäufer für eine Beratung zu gewinnen, wenn Sie eine Beratung brauchen. Zum Beispiel, weil Sie wissen möchten, ob sich ein bestimmtes Gerät an ein anderes anschließen lässt, das bei Ihnen schon zu Hause herumsteht und dringend Verstärkung braucht. Oder ob Sie einen bestimmten Artikel, für den Sie sich interessieren, einmal aus- oder anprobieren dürfen: Parfüm, Kleidung, Musikinstrumente, Fahrzeuge, solche Dinge. Da nimmt man die Beratung zwar eher in Kauf (häufig nicht mal »billigend«), als dass man sie wirklich wünscht. Aber sei's drum. Hauptsache, Sie kommen an die Produkte heran und dürfen sie einmal ausgiebig »antesten«, ehe Sie so viel Geld dafür zum Fenster rauswerfen. Für manche besteht allerdings der viel höhere Triumph darin, ein richtig teures Produkt auszuprobieren – und es dann doch nicht zu kaufen. Das scheint erst einmal ziemlich clever zu sein, ist aber schon aus wahrnehmungspsychologischer Sicht nicht zu empfehlen. Denn das Billigteil, das Sie stattdessen kaufen, kommt Ihnen dann noch erbärmlicher vor. Oder Sie kaufen gar nichts – und kommen sich dann selbst ein wenig erbärmlich vor. Zumal wenn Ihnen der Verkäufer in seinem Beratungsgespräch das Produkt erst so richtig schmackhaft gemacht hat.

Aber zunächst müssen Sie so ein dringend benötigtes Beratungsgespräch erst einmal bekommen. Und da sieht es weit ungünstiger aus. Entweder hat der Verkäufer keine Zeit, weil er bis auf Weiteres einen anderen, extrem auskunftsbedüftigen Kunden berät. Oder aber der Verkäufer hat keine Zeit, weil er gar nicht da ist. Manche Verkäufer haben auch keine Zeit, weil sie gerade keine Zeit haben. Und dann gibt es noch die Verkäufer, die zwar Zeit, aber keine Ahnung von der Materie haben. Was in einigen Fällen sowieso das Beste ist, was Ihnen passieren kann. Denn die lassen Ihnen oft freie Hand, mit dem betreffenden Produkt anzustellen, was Sie wollen. Dann müssen sie wenigstens nicht so viel erklären.

Kleine Lügen – großes Vertrauen

Kommen Sie aber nun in den Genuss eines echten Beratungsgesprächs, stellt sich sogleich die Frage: Können Sie dem Verkäufer trauen? Oder führt er Sie nur an der Nase herum und dreht Ihnen irgendeinen Ladenhüter an? Das ist manchmal gar nicht so leicht zu beantworten. Eine sehr erfolgreiche Kosmetikverkäuferin erklärte kürzlich, ihr Erfolgsgeheimnis sei: niemals den Kunden anlügen. Sonst stünde der am nächsten Tag im Laden, würde sich beschweren und dadurch auch noch die übrige Kundschaft vertreiben. Da hat die Verkäuferin gar nicht so unrecht. Solange sie das Vertrauen ihrer Kunden genießt, macht sie glänzende Geschäfte. Wer da einfach lumpig draufloslügt, sägt an dem Ast, auf dem er es sich gerade bequem machen wollte. Die Kunst besteht eben darin, so zu lügen, dass es der Kunde für die lautere Wahrheit hält. Und der Verkäufer selbst am Ende irgendwie auch.

Verkäufer müssen uns auf die angenehmste Art anlügen. Das ist der Grund, warum wir ihnen vertrauen.

Daher wirken richtig gute Verkäufer selten wie richtige Verkäufer. Vielmehr strahlen sie eine gewisse Distanz zum Warensortiment aus, das sie da an die Kundschaft bringen sollen. Nicht alles können sie uns empfehlen, sondern sie weisen uns den Weg durch die verwirrende Vielfalt der Wintermode, der Wertpapiere oder der italienischen Rotweine. Dabei kann es nicht ausbleiben, dass Teile des Sortiments ein wenig kritisch beleuchtet werden. Um das Produkt, zu dem wir uns dann vortasten, umso strahlender zur Geltung zu bringen. Richtig gute Verkäufer besitzen Menschenkenntnis. Und sie geben uns das Gefühl, dass sie auf unserer Seite stehen, unsere Vorlieben teilen und uns irgendwie ähnlich sind. Mit einem Wort, sie müssen uns auf die angenehmste Art anlügen. Das ist ja überhaupt der Grund, warum wir ihnen Vertrauen schenken.

Das tun wir ja nicht, weil sie uns schonungslos die Meinung geigen: »Abnehmen, Sie müssen abnehmen, Gnädigste, es gibt keinen Hosenanzug, der Sie schlank machen könnte.« Oder weil sie offen einräumen: »Niemand weiß, wie die Aktienmärkte sich entwickeln werden. Und aus der Vergangenheit können wir nur eine einzige Lehre ziehen: Die Experten haben immer falsch gelegen.« Nein, wir wollen die richtige Mischung aus Kompetenz, Kontrollillusion, kleinen Tipps und sorgsam dosierten Schmeicheleinheiten, damit wir unserem Verkäufer über den Weg trauen. Und wenn alle anderen unvorteilhaft gekleidet durch die Welt laufen, meine Verkäuferin und ich tricksen sie alle aus. Und wenn niemand die Börse begreift, mein Anlageberater und ich tun genau das Richtige in diesen schweren Zeiten.

Wir brauchen die Illusion des Vertrauens

Aus diesem Grunde nimmt es sich etwas merkwürdig aus, wenn nach dem großen Finanzdebakel den Bankkunden vorgeworfen wird, sie hätten sich von ihren Beratern die abenteuerlichsten Papiere aufschwatzen lassen. »Wie kann man nur so leichtfertig sein, seine Ersparnisse in Produkte zu investieren, die man nicht versteht?«, erklären manche Finanzexperten kopfschüttelnd. Und angesichts der waghalsigen Konstruktionen mancher Zertifikate ist man geneigt, ihnen recht zu geben. Doch als Pessimisten wissen wir: Man kann seine Ersparnisse gar nicht anders investieren als in Produkte, die man nicht versteht.

Dürfte man nur Dinge kaufen, die man versteht, müsste ich meine Wohnung leer räumen.

Ja, man kann nicht einmal durchs Leben kommen, wenn man keine Produkte kaufen dürfte, die man nicht versteht. Würde ich mich ausschließlich mit Dingen umgeben, die ich verstehe, müsste ich meine Wohnung leer räumen. Ein Zahnputzglas würde vielleicht bleiben, eine Zahnbürste auch, aber schon bei der Zahnpasta würde es kritisch. Außerdem hätten meine Frau, meine Kinder und ich selbst keinen Zutritt mehr zu unserer Wohnung.

Wir haben also keine Wahl. Wir müssen vertrauen. Und wir wollen auch vertrauen. Sogar Verkäufern wollen wir vertrauen. Richtig gute Verkäufer wissen das und tun alles, um die doppelte Illusion aufrechtzuerhalten: Erstens, dass sie sich auskennen wie sonst keiner. Zweitens, dass sie diese überwältigende Kompetenz nur zu unserem Vorteil einsetzen. Als gut gelaunter Pessimist ist man dankbar für solche richtig guten Verkäufer. Aber leider sind sie sehr selten. Zumeist treffen wir auf Verkaufspersonal, das keinen Zweifel daran lässt: entweder dass sie noch weniger Ahnung haben als die Kunden. Oder dass sie ihre überwältigende Kompetenz nur dazu einsetzen, den Kunden übers Ohr zu hauen. Manche bringen es auch fertig, beide unangenehmen Eigenschaften zu vereinen.

Wir Rennkäufer

Wir haben es schon angesprochen, als von den Shopping-Centern die Rede war: Einkaufen ist nicht immer angenehm. Und für uns gut gelaunte Pessimisten nun schon gar nicht. Denn beim Einkauf werden wir häufig überschüttet mit Botschaften, die uns zumindest ein leichtes Ekelgefühl verursachen: »Alles ganz einfach! Wir kümmern uns drum! Wir regeln das! Spar dich reich! Weil Sie es sich wert sind! Immer einen Schritt voraus! Immer noch besser! Jeden Tag ein bisschen besser!« Und so weiter und so weiter … Man versucht diesen Wortmüll so gut es geht zu ignorieren. Aber es geht eben nicht sehr gut. Der Autor Michael Skasa hat einmal beschrieben, wie er in einer Bäckerei ein bestimmtes Brot einkauft, auf das er nur noch mit den Worten deuten kann: »Und dann geben Sie mir noch von dem da!« Denn er bringt es einfach nicht fertig, das Brot bei seinem offiziellen Namen zu nennen: »Supersonne«.

Hinzu kommt ein anderes ungutes Gefühl. Im Zeitalter von Neuromarketing und Geruchsdesign ist uns vollkommen bewusst: Sobald wir nur den kleinsten Supermarkt betreten, werden wir aus allen Rohren manipuliert. Als Ladenbesitzer hat man da gar keine Wahl – es sei denn, man eröffnet eines dieser unentbehrlichen Pessimistengeschäfte, von denen noch zu reden sein wird. Der springende Punkt ist: Die Aufrüstung mit Manipulationsmitteln stimuliert vor allem eines – den Widerwillen, in so einem Laden einzukaufen. Wir fühlen uns für dumm verkauft.

Deshalb gibt es auch Läden, die so tun, als würden sie uns nicht manipulieren. Damit wir unsere Vorbehalte ablegen und denken: Aha, hier geht alles ganz zweckmäßig und ehrlich zu, hier kann ich völlig ohne Schnickschnack einkaufen. Und es ist bestimmt billiger, reden wir uns ein. Denn wir meinen, da die auf das ganze Drumherum verzichten, sind die Kosten geringer. Und sobald die Kosten geringer werden, wird das immer gerne »an den Kunden weitergegeben«, wie es so schön heißt. Wir ahnen, dass dahinter eine besonders raffinierte Form der Manipulation steckt – und kaufen trotzdem ein. In welchem Laden auch immer. Es kommt fast nicht darauf an. Ihr Geschmack entscheidet. Oder sagen wir es einmal pessimistisch: Wo uns noch am wenigsten der Ekel überkommt, da wird eingekauft.

Eine besonders raffinierte Form der Manipulation betreiben Läden, die so tun, als würden sie uns nicht manipulieren.

Manche versuchen das Problem dadurch zu entschärfen, dass sie sich vorher einen Plan machen und in Geschäften einkaufen, die sie schon ganz gut kennen und bei denen sie wissen, wo was steht. Diese Geschäfte werden durcheilt, so schnell es geht. »Rennkäufer« nennt man diese Kundengruppe, für die man sich natürlich ebenfalls etliche Tricks ausgedacht hat, damit sie irgendwelche überflüssigen Waren in ihren Einkaufskorb laden. Ich bekenne: Ich bin ein »Rennkäufer«. Natürlich weiß ich, dass die günstigen Waren unten im Regal stehen und überhaupt schlechter zu erreichen sind. Das muss man bei seinem Sprint durch den Supermarkt berücksichtigen und ein paar Sekundenbruchteile extra einplanen. Aber es ist natürlich ein Fehlschluss, dass man die Waren, die unten im Regal stehen, bevorzugen sollte. Die kosten zwar weniger, sind aber deswegen nicht immer ihr Geld wert. Manchmal wäre es besser, der Supermarkt würde diese Waren noch unzugänglicher machen, damit nicht immer wieder einige ahnungslose Sparfüchse darauf hereinfallen.

Das wahre Supermarktkassen-Problem

Ein Buch über Pessimismus wäre unvollständig, wenn es nicht auf diese Situation zu sprechen käme, die »Urszene« des Pessimismus sozusagen: Man steht vor der Entscheidung, an welche Supermarktkasse man seinen Einkaufswagen schieben soll. Egal, für welche Kasse Sie sich entscheiden, an der Nachbarkasse wären Sie schneller vorangekommen. Manche meinen, darin bestünde das Problem; und mit feinem Lächeln weisen uns kluge Leute darauf hin, dass es sich um eine Verzerrung der Wahrnehmung handelt: Sobald es nebenan schneller geht, fällt uns das auf. Und besonders unangenehm fällt es uns auf, wenn es bei uns eigentlich schneller gehen müsste, weil in unserer Schlange viel weniger Leute stehen. Doch kommen wir selbst einmal zügiger voran als die anderen, gehen wir einfach darüber hinweg. Manche bemerken nicht einmal, wie unvergleichlich gut sie an der Supermarktkasse davonkommen.

Nun, was soll man darauf erwidern? »Geschenkt«, soll man darauf erwidern. Denn dass die Leute in der Nachbarschlange schneller vorankommen, ist ja gar nicht so sehr das Problem. Für einen gut gelaunten Pessimisten ist das ja erst der Anfang des eigentlichen Supermarktkassen-Problems. Und dieses eigentliche Supermarktkassen-Problem besteht darin, dass viele Leute von panischer Angst ergriffen sind, sie könnten in eine unendlich langsame Schlange geraten – und Gegenmaßnahmen ergreifen. So gibt es Paare, die sich mit je einem Einkaufswagen ausgestattet an zwei Supermarktkassen anstellen. Wenn der eine als Erstes drankommt, dann schert der andere mit seinem Einkaufswagen aus seiner Warteschlage aus, um in der Schlange seines Lebensabschnittspartners einzufädeln. Und weil sich häufig ganz schwer beurteilen lässt, wer von den beiden das Rennen macht, muss der Zeitpunkt zum Wechsel möglichst lange hinausgezögert werden. Wer geduldig in der Warteschlange angestanden hat und nun mit ansehen muss, wie ein vollbepackter Einkaufswagen vor seiner Nase einparkt, der kennt überhaupt erst das wahre Supermarktkassen-Problem. Die verschärfte Variante besteht darin, dass sich einer schon mal mit zwei, drei Waren an der Kasse anstellt, während der andere die eigentlichen Einkäufe erledigt und im Idealfall, kurz bevor der Partner dran ist, mit seinem überfüllten Einkaufswagen an der Kasse aufkreuzt.

Wer sich am Ende einer bestehenden Schlange befindet, ist überzeugt: Die neue Kasse wurde nur für mich eröffnet.

Doch selbstverständlich kann das wahre Supermarktkassen-Problem auch von Einzelkämpfern ausgelöst werden. Die verabschieden sich zwischendurch aus der Schlange, bitten Vorder- und Hinterleute darum, den Wagen in Richtung Kasse voranzuschieben, und kreuzen irgendwann einmal mit ihren restlichen Einkäufen wieder auf. Oder auch nicht. Das wahre Supermarktkassen-Problem erreicht jedoch erst seinen Höhepunkt, wenn irgendwo eine *neue* Kasse eröffnet wird. Aus irgendeinem Grund sind diejenigen, die sich am Ende der bestehenden Schlangen befinden, zutiefst davon überzeugt: Diese Kasse wurde nur für *sie* eröffnet. Um nicht undankbar zu erscheinen, sind sie gezwungen, als Erste die neueröffnete Kasse zu erreichen. Diese innere Verpflichtung verspüren sie umso stärker, je mehr Waren sich in ihrem Einkaufswagen befinden. Aber die anderen, die vor ihnen in der Schlange stehen, sind auch nicht untätig. Sie bemerken, wie sich hinter ihnen die schweren Einkaufswagen in Bewegung setzen, und versuchen nun ihrerseits die sich anbahnende himmelschreiende Ungerechtigkeit zu verhindern und an der neuen Kasse die Pole-Position zu erobern. Die besten

Chancen können sich diejenigen ausrechnen, die mit einer EC-Karte zahlen wollen, die tief in irgendeiner Tasche verborgen ist und vom Gerät der Kassiererin nicht angenommen wird.

Garantiekarten und Versicherungen

Als Pessimistin kennen Sie das: Sie erwerben irgendein Gerät, eine Uhr oder eine Kamera. Und die Kassiererin sagt Ihnen noch: »Kassenbon gut aufheben. Das ist wichtig für die Garantie.« Nun, ich bin im Laufe meines Lebens noch nie mit einem Kassenbon und der Garantiekarte vorstellig geworden, um ein defektes Gerät kostenfrei reparieren zu lassen. Denn bekanntlich gehen Geräte immer erst kurz nach Ablauf der Garantie kaputt. Dann aber richtig. Vermutlich ist da eine innere Zeitschaltuhr mit einem Selbstzerstörungsmechanismus eingebaut.

Oder aber Sie haben sich so ein richtig teures technisches Wunderwerk gekauft. Zu Ihrer Überraschung streikt das schon nach kurzer Zeit. Sie durchstöbern die Schublade, in der Sie all Ihre Kassenbons und Garantiekarten aufbewahren, stoßen bei Ihrer Suche auf Bescheinigungen für alle möglichen Gerätschaften, die Sie im Laufe Ihres Lebens erworben haben, aber seltsam, seltsam, gerade für das neugekaufte Gerät können Sie die rettenden Dokumente nicht entdecken. Vielleicht haben Sie sich ja gedacht: So ein teurer Apparat, der hält sowieso ewig. Solide Verarbeitung, Testsieger bei der Stiftung Warentest, die NASA fliegt damit ins Weltall, was kann da schon schiefgehen? Nicht gerade pessimistische Gedankengänge, wie Sie jetzt zerknirscht einräumen müssen. So etwas rächt sich. Sie sind zu leichtsinnig gewesen und haben nicht gut genug auf Kassenbon und Garantieschein aufgepasst. Dabei sollten Sie als Pessimist doch wissen, dass diese Scheine eine Art Abwehrzauber enthalten, der verhindert, dass die Geräte kaputtgehen. Nur deshalb braucht man Garantiescheine. Und nicht, um sich die Geräte reparieren zu lassen. Das ist wie mit dem Regenschirm aus dem ersten Kapitel.

So viel Glück können Sie gar nicht haben, dass die Versicherung für Ihren Schaden aufkommt.

Nun gibt es aber auch Geräte, da kommen Sie mit Ihrem Garantieschein auch nicht weiter. Denn Sie brauchen dieses Ding ständig. Da nützt es Ihnen wenig, wenn das Gerät »eingeschickt« werden muss oder irgendwann mal ein übelgelaunter Servicetechniker bei Ihnen auftaucht, der ohnehin nur herausfindet, dass ausschließlich Teile kaputtgegangen sind, auf die keine Garantie mehr gegeben wird (weil das nämlich »Verschleißteile« sind, die schon mal auseinanderfallen dürfen, während die unverwüstlichen Komponenten weiter durchhalten, bis das Ende der Garantiezeit erreicht ist). Also, die Apparate, die Sie ständig brauchen, müssen Sie besonders absichern. Manche Händler bieten an, Sie mit einem Zweitgerät zu versorgen, wenn das Erstgerät streikt. Oder es gibt auch spezielle Versicherungen, die Ihnen sogar noch einen Rückflug spendieren – für den Fall, dass Ihr Gerät in einem Monat ausfällt, in dem der Buchstabe K vorkommt, Sie sich auf der Südhalbkugel aufhalten und Ihr Sachbearbeiter eine Sechs würfelt. Mit einem Wort: So viel Glück kann man gar nicht haben, um von so einer Versicherung wirklich zu profitieren. Und als Pessimist nun schon gar nicht.

Was eine Versicherung bringt

Ich weiß, wovon ich rede, denn in einer euphorischen Laune habe ich mir eine Handyversicherung für einen Euro pro Monat aufschwatzen lassen. Ich dachte, wenn ich das nicht tue, fällt mir das empfindliche Gerät sofort in die Toilette, auch wenn ich dort gar nicht telefoniere. Doch das ist ja gerade das Gefährliche daran: Handys fallen immer dann in die Toilette, wenn man überhaupt nicht daran denkt, dass man sie noch mit sich herumträgt. Und was soll ich sagen? Eines Tages war mein Handy verschwunden! Gestohlen vermutlich, und das in einem harmlosen Museum, das ich mit meinen Kindern aufgesucht hatte. Aber so ist das nun mal: Das Verbrechen lauert überall. Und ich hatte es gewusst! Ich war versichert und würde ein brandaktuelles Gerät bekommen! Innerlich habe ich mich schon beglückwünscht. Doch erst einmal musste ich das Gerät sperren lassen und eine Schadensmeldung machen, bei einer kostenpflichtigen Hotline, die mir ungefähr so viel an Telefongebühren abknöpfte, wie das Handy, das ich bekommen sollte, im Laden kostet. Außerdem war ein detaillierter Schadensbericht zu verfassen, und eine »Eigenbeteiligung« musste ebenfalls übernommen werden. Also, so richtig abgesichert gegen Diebstahl war ich eigentlich nicht. Allerdings löste sich alles in Wohlgefallen auf: Das Handy tauchte wieder auf. Es war gar nicht gestohlen worden, sondern in eine unzugängliche Falte unseres Autos gerutscht. Also Entwarnung, was allerdings bedeutete: erneuter Anruf bei der kostenpflichtigen Hotline, die mich allerdings aufrichtig zu dem Fund meines Mobiltelefons beglückwünschte. Seitdem bin ich nicht mehr gegen Handydiebstahl versichert.

Ohnehin ist es die bessere Lösung, selbst vorzusorgen und alle unverzichtbaren Gegenstände doppelt anzuschaffen. Dieses Buch könnte ich gar nicht schreiben ohne zwei Computer, morgens könnte ich mich nicht rasieren ohne einen zweiten Rasierapparat im Badezimmerschrank, Urlaubsfotos können nur gemacht werden, wenn noch eine zweite Kamera eingepackt wird. Und von diesem Buch hier sollte man sich ebenfalls gleich zwei Exemplare zulegen. Damit Sie es ganz entspannt und frei von Verlustängsten zu Ende lesen können. Anschließend können Sie dann das unbenutzte Exemplar weiterverschenken. Am besten schenken Sie es einem Pessimisten, der dann seinerseits in den nächsten Buchladen geht, um sich ein Reserveexemplar zu sichern. Aber auch unvorbelastete Leser könnten sich veranlasst sehen, den pessimistischen Lebensstil zu übernehmen und es den anderen gleichzutun. Auf diese Weise breitet sich das Buch allmählich unter der Gesamtbevölkerung aus, die aus immer mehr bücherschenkenden Pessimisten besteht. Und so können Sie Ihren Beitrag dazu leisten, dass unsere Welt ein bisschen pessimistischer, also menschlicher wird.

Die unentbehrlichen Pessimistengeschäfte

Wer nicht lächeln kann, sollte kein Geschäft eröffnen, lautet ein chinesisches Sprichwort. Da ist etwas dran. Wenn der Verkäufer sehr viel schlechter gelaunt ist als der Kunde, entwickelt man auch als gut gelaunter Pessimist gewisse Vorbehalte dagegen, ihm sein Geld anzuvertrauen. Auf der anderen Seite bekenne ich, dass mich solche Läden auch immer wieder angezogen haben. Denn, so meine Überlegung, wenn sich ein Laden halten kann, der so mürrische Verkäufer beschäftigt, dann muss es dafür einen besonderen Grund geben: Die Produkte, die dort verkauft werden, sind sicherlich von so überragender Qualität, dass eine nennenswerte Anzahl von Käufern sie gegen den Widerstand des Verkaufspersonals erwirbt.

Ich gebe zu, dass dies ein Fehlschluss ist. Die Unfreundlichkeit des Personals bürgt keineswegs für die Qualität der Produkte, auch wenn der Laden noch so brummt. Ja, ich räume ein, dass es sich um einen typisch pessimistischen Fehlschluss handelt. Denn wir kennen das ja von uns selbst: Qualität blüht nur dort, wo man sie nicht vermutet. Ein Vorhaben gelingt nur, wenn es vorher so aussieht, als wenn es scheitert. Also, wo sollte es die guten Dinge noch geben, wenn nicht dort, wo sie einem gerade nicht aufgedrängt, sondern eher vorenthalten werden? Wo man sie sich regelrecht erkämpfen muss? Nun, das stimmt eben nicht. Nicht selten ist die Produktqualität noch schlechter als die Laune des Personals. Dass diese Läden über die Runden kommen, muss andere Ursachen haben. Womöglich gibt es eine nennenswerte Anzahl von Leuten, die dem gleichen pessimistischen Fehlschluss aufsitzen wie wir. Und vielleicht denken manche von denen, wenn sie ein Produkt von erbärmlicher Qualität erhalten: Aha, das dient der Abschreckung der Nichtkenner. Jetzt gilt es durchzuhalten, um sich in den Rang eines Kenners vorzuarbeiten. Und diese Kunden halten dem Laden die Treue, was weitere Kunden anzieht, die glauben: Also, wenn diese anspruchsvollen, kritischen Pessimistenleute, die alles und jeden runtermachen, ihr Geld in diesen Laden tragen, dann muss das seine Gründe haben …

Ein Juwel für den pessimistischen Käufer

Doch sind solche üblen Läden nicht mit den echten Pessimistengeschäften zu verwechseln, von denen schon die Rede war. Ein echtes Pessimistengeschäft ist wie angedeutet eine Seltenheit, ein dunkler Edelstein inmitten bunter Glasperlen, nach dem man lange und ausdauernd suchen muss. Ein solches Geschäft zeichnet sich dadurch aus, dass dort bei aller Freundlichkeit eine gewisse skeptische Grundhaltung gepflegt wird. Ein Verkäufer in einem Pessimistengeschäft wird Sie niemals bedrängen, ein bestimmtes Produkt zu erwerben. Eher redet er Ihnen ein Produkt aus, das Sie unbedingt haben möchten, als dass er Ihnen eines aufschwatzt. Auf den ersten Blick könnte man ihn für einen besonders raffinierten, richtig guten Verkäufer halten, spezialisiert auf pessimistische Kundschaft. Doch der richtig gute Verkäufer will uns ja immer zum

Ein Pessimistenverkäufer weiß zu gut, dass auch das beste Produkt immer nur weniger schlecht ist als die anderen.

passenden Produkt hinlotsen, das er dann als das beste aller möglichen Produkte preist. Von einem Pessimistenverkäufer kann man so etwas nicht erwarten. Er weiß zu gut, dass auch das beste Produkt immer nur weniger schlecht ist als die anderen. Und während man uns anderswo weismachen will, dass wir durch den Erwerb eines bestimmten Produkts unsere Probleme lösen, macht man in einem echten Pessimistengeschäft gar keinen Hehl daraus, dass wir neue Probleme hinzukaufen, die wir vorher nicht hatten. Legen Sie sich beispielsweise einen Camcorder zu, müssen Sie sich plötzlich um Akkulaufzeiten, Adapter, Speicherkarten und Bildbearbeitungssoftware kümmern. Sie brauchen einen neuen Computer mit Firewire-Anschluss und werden Ihre Wochenenden damit zubringen, Ihre missglückte Urlaubsreise (→ Seite 158 ff.: »Der gut gelaunte Pessimist fährt in den Urlaub«) in einen zehnminütigen Film zu bannen, den niemand sehen will.

Aus solchen Bedenken webt der Pessimistenverkäufer ein starkes Band der Sympathie und des Vertrauens zu seinen pessimistischen Kunden. Auch und gerade wenn die ohne jeden Einkauf seinen Laden wieder verlassen. Dann hat er einen moralischen Sieg über den »Terror der Ökonomie« errungen. Und solche Siege lassen ihn zu unserem natürlichen Verbündeten auf dem Schlachtfeld des Einkaufens werden. Schade nur, dass die meisten dieser unentbehrlichen Pessimistengeschäfte früher oder später dichtmachen. So wie die meisten Optimistengeschäfte natürlich auch. Doch einem Pessimistengeschäft trauern seine Kunden noch jahrzehntelang nach, und besorgt fragen sie sich: »Und wer warnt uns jetzt vor der neuen Herbstmode? Oder dem neuen Bestseller von Daniel Kehlmann?«

Der gut gelaunte Pessimist bekommt schlechte Laune

Seien wir ehrlich: Gute Laune braucht auch mal Pause. Und schlechte Laune hat ja durchaus ihre guten Seiten: Sie kann uns mutig machen, Augenblicke der Wahrheit schenken und dafür sorgen, dass wir mit Samthandschuhen angefasst werden.

Sie dürfen allerdings nicht glauben, ein gut gelaunter Pessimist wäre immer gut gelaunt. Es gibt überhaupt gar keinen Grund, ständig gut gelaunt zu sein. Schauen Sie sich doch nur mal um: All das Elend, das Leid und die verdeckten Steuererhöhungen. Die Dummdreisten und die Rücksichtslosen triumphieren, während auf den Liebenswürdigen und den Wehrlosen herumgetrampelt wird. Wir wiederholen es bei dieser Gelegenheit gerne noch einmal: Das meiste im Leben geht schief, um nicht zu sagen: alles, wenn man nur lange genug abwartet. Daher möchte man manchmal eher verzweifeln, als sich einen schönen Tag machen. Wenn wir also immer mal wieder schlecht gelaunt sind, dann geht das schon in Ordnung. Zumal es ohne zeitweiliges Abtauchen in die Stimmungsniederungen keine echte Lebensfreude geben kann, sondern nur seichte Behaglichkeit. Außerdem darf man nicht vergessen, dass die schlechte Laune auch so ihre Vorzüge hat, die man sich nicht entgehen lassen sollte.

Ohne zeitweiliges Abtauchen in die Stimmungsniederungen gibt es kein tiefempfundenes Vergnügen.

Die Vorteile der schlechten Laune

Manchmal tut schlechte Laune richtig gut. Gerade weil wir unablässig aufgefordert werden, Spaß zu haben, kann sie mitunter sehr erfrischend, ja regelrecht befreiend wirken. Für einen selbst, aber auch für andere. Sich nicht über jeden Müll freuen zu müssen, nicht alles spaßig und lustig zu finden, was die anderen so anrichten, das muss man sich hin und wieder mal gönnen. Seine schlechte Laune kann man regelrecht genießen. Probieren Sie es bei nächster Gelegenheit mal aus. Und wenn sich Ihr Partner beklagt, weil Sie ihm den Abend verdorben haben, sagen Sie ihm einfach, dass Sie den Tipp von mir bekommen haben.

Wer motzt, ist nicht einverstanden. Und man kann ja nun wirklich nicht mit allem einverstanden sein. Daher muss man immer mal wieder seinem Ärger Luft machen. Das ist nur gesund. In zuträglichem Maße seiner schlechten Laune freien Lauf zu lassen regt die Durchblutung an, lüftet den Geist und schützt Sie davor, von anderen vereinnahmt zu werden. »Ach, Sie sind immer so fröhlich«, sagt Ihr Chef, »wirklich bewundernswert.« Und dann lädt er einen Stapel Akten auf Ihrem Schreibtisch ab, die »heute noch durchgearbeitet« werden müssen. Fröhlich summend zieht er wieder ab, der Bewunderer Ihrer guten Laune. Hingegen Ihre Kollegin? Oh, oh, die ist heute ganz und gar ungenießbar, die muss mit Samthandschuhen angefasst werden, flüstern sich alle zu. Und der Chef macht an solchen Tagen einen weiten Bogen um den Schreibtisch der Ungenießbaren.

Jetzt sollten wir auch mal sagen, wieso die schlechte Laune manchmal so erfrischend ist: Sie kann uns mutig machen. Sie kann dem verlogenen »Alles ist großartig«- und »Lebe deinen Traum«-Gequatsche entgegentreten. Sie kann die süßliche Heuchelei derer auseinanderrupfen, die aus unserer heiteren Arglosigkeit ihren Vorteil ziehen. Mit einem Wort, die schlechte Laune kann uns Augenblicke der Wahrhaftigkeit schenken, allein deretwegen es sich lohnt, immer wieder mal schlecht gelaunt zu sein.

Erzwungene Freundlichkeit macht krank

Da wir das Thema Gesundheit schon angesprochen haben: Wenn Sie Ihren Ärger immer herunterschlucken müssen, dann kann Sie das ernsthaft krank machen. Wie der Frankfurter Organisationspsychologe Dieter Zapf in einer großangelegten Studie herausgefunden hat, führt erzwungenes Nettsein im Beruf zu »emotionalen Dissonanzen«, die außerordentlich belastend sind. Die Betroffenen fühlen sich schneller ausgebrannt und werden anfälliger für Depressionen. In einem Experiment, das Teil der Studie war, setzte Zapf seine Versuchspersonen in ein fingiertes Call-Center und ließ sie von einer vermeintlichen Kundin beschimpfen, wie man das auch in echten Call-Centern jeden Tag erleben kann. Die einen durften zurückschimpfen, die anderen waren gezwungen, immer freundlich zu bleiben. Während sich die erste Gruppe nach dem Telefonat schnell wieder beruhigt hatte, raste bei den anderen noch lange Zeit später das Herz. Wie es der vermeintlichen Kundin ging, die da so hemmungslos herumstänkern durfte, haben die Wissenschaftler leider nicht untersucht. Ich vermute aber, ihr ging es am besten von allen.

Immer gut drauf? Schön dumm!

Und vergessen wir eines nicht: Schlechte Laune ist fast immer ehrlich und authentisch, was man von der guten Laune absolut nicht behaupten kann. Die ist häufig nicht ganz echt, wie man so sagt. Und damit meine ich jetzt gar nicht die bedauernswerten Stewardessen, Kundenberater und Servicemitarbeiter, die sich bemühen, auch gegenüber Flegeln noch nett zu sein. Dafür verdienen sie Sympathie und Anerkennung. Und ihre Arbeitgeber sollten dem Vorschlag von Professor Zapf folgen und ihnen komfortable »Rückzugsräume« zur Verfügung stellen, damit sie ihre »emotionalen Dissonanzen« wieder halbwegs ausgleichen können. Sozusagen ein geschützter Raum für ihre schlechte Laune, die sie von Berufs wegen nicht zeigen dürfen.

Wer immer »gut drauf« ist, will darauf hinaus: Er macht alles richtig, und bei Ihnen läuft eine Menge schief, Sie Trauerkloß.

Nein, wir wenden uns der Gruppe derer zu, die ihre gute Laune vor sich hertragen. Nicht um anderen mit Höflichkeit und Respekt zu begegnen, sondern um sie mit ihrem demonstrativen Frohsinn an die Wand zu klatschen. Wer immer wieder betont, dass er höllisch »gut drauf« ist, will vor allem auf eines hinaus: dass er alles richtig macht, während bei Ihnen eine Menge schiefläuft, Sie Trauerkloß.

Seine gute Laune betrachtet er als Selbstbestätigung, als Ehrenzeichen, das belegt, wie gut ihm sein Leben gelingt. Wem es gerade nicht so gut geht, der findet weniger sein Mitgefühl als seine Verachtung. Für ihn sind das alles Jammerlappen, die an ihrem Elend selber schuld sind. Probleme sind dazu da, mit guter Laune übergossen zu werden, ehe man sie flambiert und damit löst. So stellen sich das diese Erfolgsmenschen zumindest vor. Alles ganz einfach, immer locker bleiben. Nur den Kopf nicht hängen lassen, denn daran erkennt man den Verlierer.

Diese Art von guter Laune ist der des Pessimisten geradezu entgegengesetzt. Sie hat etwas Angestrengtes, Protziges, ja vorsätzlich Dummes. Man zeigt sich gut gelaunt, um als Sieger dazustehen. Dabei ist man alles andere als ein Sieger. In Wahrheit ist man feige. Denn man stellt sich dem Leben gar nicht, sondern verschließt vor seinen Unannehmlichkeiten einfach nur die Augen. »Wo ist das Problem?«, fragen diese Erfolgsmenschen. Sie erlauben es sich einfach nicht, traurig und deprimiert zu sein. Und das ist ein schrecklicher Verlust, wie wir gleich sehen werden. Was sie beunruhigen könnte, das kehren sie einfach unter ihren dicken Wohlfühl-Teppich. Manche schlucken Tabletten, damit sich ihre Stimmung aufhellt oder sie wenigstens die Fassade wahren können.

Damit gaukeln sie nicht nur den anderen etwas vor. Sie belügen auch sich selbst und verhindern regelrecht, dass sich ihre beklagenswerte Lage ändert. Denn man muss es einmal deutlich aussprechen: Niemand ändert etwas Entscheidendes »einfach so« oder weil er gerade »gut drauf« ist. Ganz im Gegenteil, die dumme gute Laune macht es völlig unmöglich, neue Wege einzuschlagen. Vielleicht sucht sich so jemand »neue Herausforderungen« oder will sich »neu ausprobieren«. Doch das bleibt ganz und gar oberflächlich. Er folgt nur einem vorgegebenen Muster, das ihn darin bestärken soll, alles sei großartig, phantastisch, perfekt. Und könnte nicht besser laufen. Doch am Anfang jeder großen Veränderung stehen Unzufriedenheit, Leiden, schlechte Stimmung.

Es geht gar nicht anders. Wir sind geradezu biologisch darauf programmiert: Solange alles gut läuft, wird nichts verändert. Das ist auch sinnvoll. Denn auf diese Weise sind wir in der Lage, das, was uns gut tut, zu bewahren und immer wieder darauf zurückzukommen. Erst wenn wir richtig leiden und die Aussicht besteht, dass wir da herauskommen, setzen wir alle Hebel in Bewegung und sind imstande, Erstaunliches zu vollbringen. »Lösungen werden nur von Leuten gesucht, die Probleme haben«, schreibt der Psychologe Michael Mary. Und der Psychotherapieforscher Günter Schiepek berichtet, dass Veränderungen dann am ehesten möglich sind, wenn sich die Menschen in einem Zustand seelischer »Instabilität« befinden.

Wie man schlechte Laune bekommt

Womöglich glauben Sie, schlechte Laune kommt von ganz allein, und man muss nichts weiter tun, außer vielleicht einen Blick auf seine Arbeitskollegen zu werfen, die Nachrichten einzuschalten oder ein paar Freunde anzurufen, die wieder einmal keine Zeit für Sie haben. Nun, was soll ich sagen? Genau das ist richtig. Es gibt kaum etwas Leichteres, als seine Stimmung in den Keller zu befördern. Einfach dadurch, dass Sie sich dazu entschließen und noch ein paar unangenehme Gedanken nachlegen, von denen es in diesem Buch ja nur so wimmelt.

Doch nun heißt dieses Buch nicht »der depressive Pessimist«, sondern der »gut gelaunte Pessimist«, und daher ist die Sache schon ein bisschen komplizierter. Schlechte Laune alleine genügt nämlich nicht. Traurigkeit alleine macht uns noch nicht zum tiefen Denker, Leiden an der Welt nicht zum universellen Problemlöser, wenn dieser Ausdruck aus der Welt der Erfolgsmenschen hier einmal erlaubt ist. Es ist nämlich so: Die pure schlechte Laune hat noch nie irgendein Problem gelöst. Vielmehr tyrannisieren missmutige Miesepeter ihre Mitmenschen. Und das Einzige, was sie zuverlässig verändern, ist deren Stimmung, von »gut« zu »miserabel«. Denken wir noch einmal an die armen Stewardessen und ihre pöbelnden Fluggäste oder die Kollegin aus der Abteilung, die die Beschwerden entgegennimmt. Da kommen wir mit der schlechten Laune nun gewiss nicht weiter. Im Gegenteil, die vergiftet alles. Denn schlechte Laune ist hochgradig ansteckend.

Was jetzt also? Ist schlechte Laune doch nicht gut? Es kommt immer darauf an. Vielleicht hilft ein berühmter Vergleich weiter, der von einem der Ahnherren der Ärzte stammt, von Paracelsus. Der behauptete, von Haus aus seien alle Dinge giftig. Allein die Dosis entscheide darüber, ob das betreffende Mittel als Medizin oder als Gift zu betrachten sei. In diesem Sinne ist schlechte Laune ein ziemlich starkes Gift, das man nur in sparsamer Dosierung gebrauchen sollte, damit es hilft. Das heißt: Als gut gelaunter Pessimist sollten Sie sich gerade nicht in die schlechte Stimmung hineinbohren oder sie heraufbeschwören. Sie kommt von ganz allein.

»Alle Ding' sind Gift und nichts ohne Gift. Allein die Dosis macht, dass ein Ding kein Gift ist.« – Paracelsus

Immerhin geht es uns ja geradewegs um das Gegenteil, nämlich um einen entspannten und gelassenen Umgang mit der Tatsache, dass wir in einer Welt voller Ungerechtigkeit, Boshaftigkeit und Stumpfsinn zurechtkommen müssen. Der ist aber nur zu haben, wenn wir uns erlauben, gelegentlich auf die Gegenseite zu kreuzen. Miese Phasen müssen sein, wenn wir das Leben genießen wollen, ohne uns zu belügen. Sie gehören dazu wie das Ausatmen zum Einatmen. Innere Gelassenheit entsteht nur, wenn wir auch unsere düsteren Stimmungen ertragen, sie hinnehmen und gewissermaßen das Beste aus ihnen machen. Auf diese Weise kann die schlechte Laune das Schwungrad sein, das die gute Laune des Pessimisten antreibt.

Was man mit seiner schlechten Laune anfängt

Wir haben es ja schon angedeutet, schlechte Laune genügt nicht, vielmehr kommt es darauf an, was wir daraus machen. Denn schlechte Laune ist durchaus nicht ungefährlich. Sie kann andere verletzen, ihnen den Tag verderben und letztlich auch uns selber schaden. Wer möchte schon andere unglücklich machen? Und wer möchte sich mit jemandem abgeben, der andere unglücklich macht? Wenn ich das richtig sehe, gibt es drei Möglichkeiten, halbwegs vernünftig mit seiner schlechten Laune umzugehen.

Entweder betrachten wir sie als eine Art Gefahrengut, mit dem wir vorsichtig umgehen müssen. Also, wir packen uns in Watte, meiden unsere Mitmenschen und warten ab, bis sich die schlechte Laune von selbst wieder verzieht. Wir machen es ein wenig so, wie das Professor Zapf für die Servicemitarbeiter empfohlen hat. Wir suchen unseren persönlichen »Rückzugsraum« auf und lassen die giftige Stimmung einfach »ausstinken«. Wenn das nicht möglich ist, können wir unsere Mitmenschen vorwarnen, ihnen also in einer geeigneten Stunde anvertrauen, dass wir zu gewissen Zeiten »ungenießbar« sind. Ja, ganz richtig, so wie es die Kollegin gemacht hat, um deren Schreibtisch nun auch der Chef einen höflichen Bogen zieht. Wenn sich alle ein wenig Mühe geben, kann so etwas prima funktionieren – vorausgesetzt, die Phasen der üblen Laune ziehen sich nicht endlos hin.

Die zweite Möglichkeit haben wir auch schon angesprochen:

Sie können Ihre schlechte Laune, sagen wir einmal: für sich arbeiten lassen. Schlechte Laune verleiht uns oft eine negative Energie, die uns zu anderen Gelegenheiten fehlt. Also, wann wollen Sie sich das lästige Herangewanze unterwürfiger Opportunisten vom Halse schaffen? Wann wollen Sie die unverschämten Flegel, die Sie missachten, in den Senkel stellen? Wann wollen Sie das verlogene Harmoniegetue, mit dem man Sie jahrelang für dumm verkauft hat, der Lächerlichkeit preisgeben – wenn nicht jetzt, da Sie nun schon mal so großartig unter Dampf stehen? Oh ja, schlechte Laune ist nützlich! Sie ist unsere Freundin in der Not und vermag Wunder zu vollbringen, wenn man sie nur in die richtige Richtung zu lenken versteht. Genau darin besteht natürlich die Herausforderung: Wut und Selbstkontrolle irgendwie unter einen Hut zu bringen. Aber es ist möglich. Altbundeskanzler Helmut Schmidt soll ein Meister in dieser Disziplin gewesen sein. Aber auch der Begründer der Soziobiologie, der Ameisenforscher Edward O. Wilson, nannte als eine der Triebfedern eines guten Wissenschaftlers: »Wut.«

»Ich war bösartig wie ein Kettenhund.« – Hector Berlioz über das Komponieren seines Werks »Der römische Karneval«

Die dritte Möglichkeit bietet sich an, wenn Sie eher von der kraftlosen Variante der schlechten Laune heimgesucht werden. Dann wird das nichts mit dem Bäumeausreißen. Aber Sie können Ihre schlechte Laune als Beginn einer Veränderung betrachten. Dazu müssen Sie in Ihre schlechte Laune hineinhorchen. Was ist es denn, was Sie so sehr herunterzieht? Wie können Sie das ändern? Sie dürfen allerdings nicht erwarten, dass Sie da gleich ins konstruktive Fahrwasser kommen. Sie müssen erst einmal durch diese miserable Phase durch. Und das kann manchmal etwas dauern. In einigen Fällen kann sich die trübe Stimmung auch verfestigen. Aber auch das muss kein Unglück sein. Denn man kann sich ganz komfortabel einrichten in seiner Melancholie.

Die zarte Pflanze der Melancholie

Sie gilt als bittersüße Schwermut, als anhaltende, aber »leicht gewordene« Traurigkeit über den Zustand der Welt, eine Traurigkeit, die als etwas Kostbares empfunden wird. Weil sie uns einen neuen, tieferen Zugang zu den Dingen, aber auch zu uns selbst eröffnet. Der Melancholiker sieht mehr, weiß mehr, denkt oder grübelt zumindest mehr als andere, weniger tiefgründig veranlagte Zeitgenossen. Er will seine Traurigkeit nicht überwinden. Er will sie festhalten, sie kultivieren, ja, bis zu einem gewissen Grad will er sie auch genießen, selbst wenn sie immer wieder schmerzt. Melancholie ist etwas Edles, Ernsthaftes, Poetisches. Unter erfolgreichen und bekannten Schriftstellern, Komponisten und Künstlern finden sich reihenweise Melancholiker. Allerdings auch unter denen, die nur allzu gern Schriftsteller, Komponist oder Künstler wären und doch ihre Brötchen mit simpleren Tätigkeiten verdienen müssen. »Die Melancholie hat etwas Produktives«, meint der Soziologe Wolf Lepenies, »das klingt etwas paradox, weil sie zunächst einmal mit Hemmungen zu tun hat. Melancholie ist ein Zustand von jemandem, der eigentlich etwas tun will, es aber nicht tun kann.«

»Alles, was edel ist, trägt einen Anflug von Schwermut.« – Herman Melville: Moby Dick.

Der Melancholiker ist das Gegenbild zum optimistischen Tatmenschen, der einfach draufloshandelt und erst später merkt, was er angerichtet hat. Oder nicht einmal das. Wenn hingegen der Melancholiker nach einer langen und quälenden Phase der Selbstzweifel seine Handlungshemmung überwunden hat, dann entstehen womöglich großartige Kunstwerke. Glauben zumindest die Melancholiker. Doch glücklicherweise überwinden viele Melancholiker ihre Handlungshemmung gar nicht erst und ersparen sich und anderen eine herbe (und gar nicht bittersüße) Enttäuschung.

Was den Melancholiker von dem gut gelaunten Pessimisten unterscheidet

Nun muss man sagen, dass die Melancholiker uns ja gar nicht so fernstehen, sie sind gewissermaßen die traurigen Geschwister des gut gelaunten Pessimisten. Auch sie sind davon überzeugt, dass es mit der Welt nicht zum Besten steht, dass die Dummdreisten das Sagen haben und die Nachdenklichen das Nachsehen. Auch sie haben Sympathien für die zu kurz Gekommenen, für die gescheiterten, aber gutmütigen Existenzen, für die genialen Verlierer. Was uns trennt, das ist ihre Ernsthaftigkeit. Melancholiker sind ernsthaft, wir nicht. Nicht einmal die Melancholiker können wir ganz ernst nehmen. Dafür haben wir unseren Spaß und die Melancholiker wohl eher nicht; sogar die selbsternannten »heiteren Melancholiker« wirken immer ein wenig unfroh.

Doch wenn es um miese Stimmung geht, da können wir uns von den Melancholikern schon noch einiges abschauen. Manche kultivieren ihre Traurigkeit, laben sich am Anblick alter knorriger Bäume, baufälliger Gemäuer und anderer Sinnbilder des Verfalls. Sie lassen sich einsam durch die Straßen fremder Städte treiben und entdecken Dinge, die sonst niemand bemerkt. Ganz einfach, weil sie für einen praktisch denkenden Menschen völlig uninteressant sind. Aber das ist es ja gerade, der Trost, an den man sich klammert. Die andern machen die Welt kaputt, und man selbst folgt seinem melancholischen Gespür für matschige Laubhaufen und moosüberwucherte Grabsteine. Also, da könnte man schon auf den Geschmack kommen und zeitweilig zum Melancholiker werden. Warum auch nicht? Vielleicht kommt es Ihrem Naturell eher entgegen, ein wenig Traurigkeit zu zelebrieren, als Ihre schlechte Laune dazu einzusetzen, unter den miesen Typen dieser Welt aufzuräumen. Sobald sich Ihre Laune wieder bessert, treffen wir uns alle ohnehin auf der anderen Seite wieder, wir gut gelaunten Pessimisten.

Der gut gelaunte Pessimist hat Erfolg

Pessimisten sind vorsichtige Leute und haben gar nicht so selten Erfolg. Was nicht immer gut ist: Denn Erfolg macht dumm, unglücklich und verdirbt den Charakter, wenn man ihn nicht durch Niederlagen abfedert.

Bleiernes Schweigen lastete über dem Meeting der Geschäftsleitung. Gesucht war eine »Vision«, ein knapper Satz, der Ziel und Zweck des Unternehmens, bei dem ich damals beschäftigt war, auf den Punkt bringen sollte. Den Anfang dieses Satzes hatte der Geschäftsführer schon vorgegeben. Er lautete: »Wir sind so erfolgreich ...« Jeder überlegte angestrengt, wie dieser herausfordernde Satz zu vollenden wäre. Denn eines war klar: In der noch ausstehenden zweiten Hälfte musste der Satz inhaltlich gefüllt werden. Doch wie? Für einen Pessimisten eine nahezu unlösbare Aufgabe. Zunächst einmal: Waren »wir« denn überhaupt »so erfolgreich«? Und wenn man das einfach mal unterstellte, denn »so erfolgreich« ist irgendwie jeder, der noch imstande ist, an einem Tisch Platz zu nehmen, dann schloss sich sofort die Frage an: Worin konnte dieser Erfolg bestehen? Machten wir satte Gewinne? Waren unsere Produkte besser oder wenigstens billiger als die der Konkurrenz? Schließlich brach Pressesprecher Joachim T. das Schweigen: »Weil wir die Besten sind.« Sprachloses Staunen. Mit einem dicken Faserschreiber schrieb Joachim T. vorne an die Tafel: »Wir sind so erfolgreich, weil wir die Besten sind.« Auf so einen Satz wäre ein Pessimist niemals gekommen. Nicht in Tausenden von Jahren.

Wer nur fest genug mit dem eigenen Erfolg rechnet, dem droht eine demütigende Niederlage.

Denn es ist doch so: Pessimisten gelten als notorisch erfolglos. Weil sie sich nicht für »die Besten« halten, sondern stets mit dem eigenen Scheitern rechnen. Dabei ist das ja ihr süßes kleines Erfolgsgeheimnis, wie wir bereits im zweiten Kapitel verraten haben. Einen Pessimisten beunruhigt allein die Vorstellung, er könnte sich selbstzufrieden und siegesgewiss zurücklehnen, um die Früchte des Erfolgs abzuernten. Denn er weiß: So etwas wird sich bitter rächen. Wer nur fest genug mit dem eigenen Erfolg rechnet, dem droht eine demütigende Niederlage. Man kommt nur einigermaßen heil durchs Leben, wenn man immer ein wenig beunruhigt ist. Wie so etwas vor sich geht, das zeigen Experimente mit Laborratten.

Von Ratten und Bankräubern

Bekanntlich sind Ratten und Mäuse sehr schlaue und sehr neugierige Tiere. Setzt man sie in ein Labyrinth, für sie eine fremde, neue Umgebung, fangen sie sofort an, alle Gänge zu erkunden. Sie laufen planlos herum, lassen keine Sackgasse aus, stoßen hier und da auf Futter, rennen weiter und lernen auf diese Weise das Labyrinth kennen. Dieses Verhalten hat den Managementautor Spencer Johnson so beeindruckt, dass er gleich einen Bestseller darüber geschrieben hat, die »Mäuse-Strategie für Manager«. Darin empfiehlt er uns, es so zu machen wie die Mäuse: nicht groß überlegen, sondern einfach loslaufen. Niemals aufgeben, auch wenn die Umstände neu und beängstigend sind. Die Vergangenheit abhaken und einfach mal machen.

Allerdings ist die betriebsame Suche in unbekanntem Gelände erst der Anfang der »Mäuse-Strategie«. Setzt man Ratte oder Maus immer wieder in das Labyrinth, findet sie immer schneller den Weg zum Futter. Keine Umwege, kein planloses Herumgewusel mehr. Die Nager lösen die Aufgabe immer schneller. Doch irgendwann kommt es, das böse Erwachen. Im Leben und im Laborexperiment, das ja auch nicht veranstaltet wird, um Ratten glücklich zu machen, sondern um den traurigen Tatsachen des Lebens auf die Spur zu kommen. Also, als die Ratten die Futtersuche perfekt beherrschten, bauten die Wissenschaftler in dem Seitengang, der zum Futterstückchen führte, eine Wand ein. Was geschah? Die Ratten liefen blindlings dagegen. Für eine zweite Gruppe von Ratten sägten sie den Gang einfach in der Mitte ab.

Die siegesgewissen Ratten rannten über die Kante hinweg, paddelten mit den Beinen in der Luft, wie wir es aus den Zeichentrickfilmen kennen, und stürzten in die Tiefe. Es gab noch eine dritte Gruppe von Ratten. Denen legte man einen großen Futterhaufen mitten ins Labyrinth, an eine Stelle, die die Tiere passieren mussten. Nun, was taten die erfolgsgewohnten Ratten? Sie stiegen über den großen Futterhaufen hinweg, als sei er gar nicht vorhanden. Denn sie wollten unbedingt an den kleinen Happen herankommen.

So ist das, wenn sich der Erfolg allzu selbstverständlich einstellt. Wir verdummen. Automatisch. Und wenn das schon den Ratten so geht, dann dürfen Sie sicher sein, dass es bei den Menschen erst recht so ist. Nehmen wir beispielsweise einen Bankräuber. Wenn es ihm immer wieder gelingt, die Polizei auszutricksen, wird das Eis immer dünner, auf dem er seine künftigen Überfälle begeht. Er wird immer unvorsichtiger, überschätzt seine Fähigkeiten, macht haarsträubende Fehler. Das weiß die Polizei, und das weiß eigentlich auch der Bankräuber. Doch es hilft ihm nichts. Berauscht vom eigenen Erfolg, geht er früher oder später der Polizei ins Netz. Der Bankräuber hat nur eine Chance davonzukommen: Er müsste Pessimist sein und jeden Erfolg als Zeichen einer sich stetig vergrößernden Niederlage ansehen.

Die Kunst, sich selbst zu beunruhigen

Aus pessimistischer Sicht geht es eben darum: nicht in die Bankräuberfalle zu geraten. Daher müssen wir uns immer ein wenig beunruhigen, bevor wir eine Aufgabe angehen. Nicht zu stark, aber doch stark genug, um anzunehmen: Die Sache könnte gutgehen, aber sie geht wohl eher schief. Dabei kann man als Pessimist allerdings nicht stehenbleiben. Das leicht flaue Gefühl im

Magen, das uns vor jeder Aufgabe überkommt, reicht nicht aus. Wir müssen uns ausmalen, was alles schiefgehen könnte: Wir vergessen wichtige Dinge, wir verlieren wichtige Dinge, die andern lassen uns hängen.

Die Gegenmaßnahmen reichen niemals aus. Das dürfen sie auch gar nicht, sonst wäre ja unsere Beunruhigung weg.

Das bringt uns dazu, Gegenmaßnahmen zu ergreifen, von denen wir schon wissen, dass sie niemals ausreichen werden. Allein schon weil die Gegenmaßnahmen ebenfalls scheitern könnten, was weitere Gegenmaßnahmen erforderlich machen würde, die natürlich erst recht missglücken. Was aber viel wichtiger ist: Würden wir annehmen, dass unsere Gegenmaßnahmen ausreichen, dann wäre ja unsere kostbare Beunruhigung weg. Und wir würden uns in trügerischer Sicherheit wiegen, wie ein Bankräuber kurz vor seiner Verhaftung.

Jetzt könnte man einwenden: Ja, wenn die Gegenmaßnahmen ohnehin nicht ausreichen, dann könnte man sie sich ja gleich sparen, sich noch einen schönen Tag machen und getrost den Untergang erwarten. Doch das trifft die Sache gerade nicht. Wir wollen eben beides haben: Wir wollen gründlich genug vorbereitet, aber gleichzeitig noch beunruhigt genug sein, um die Sache zu meistern. Oder wenn nicht zu meistern, dann doch alles schon kommen gesehen zu haben. Die Kunst besteht genau darin, in beidem das rechte Maß zu finden: sich bei seiner Vorbereitung nicht zu viel aufzuladen, sich nicht zu verzetteln und gerade genug Zweifel in sich zu tragen, um die Sache konzentriert über die Bühne zu bringen. Das sind die besten Voraussetzungen, um einen Erfolg an den andern zu reihen. Und es ist gewiss kein Zufall, wenn viele erstklassige Musiker und Schauspieler davon berichten, dass sie auch nach Jahren des Erfolgs vor ihren Auftritten noch immer Lampenfieber haben. Nun, die ausgeklügelte Selbstbeunruhigung ist das Lampenfieber des gut gelaunten Pessimisten.

Ausgeklügelt muss sie sein, denn sonst würden wir ja nicht immer wieder auf sie hereinfallen. Wir müssen tatsächlich besorgt sein, müssen tatsächlich die Möglichkeit des Scheiterns ernsthaft in Betracht ziehen. Und wenn wir Glück haben, dann scheitern wir auch immer wieder mal. Denn für einen Pessimisten gibt es nichts Schlimmeres, als ständig Erfolg zu haben.

Vorsicht, Erfolg!

Auf den ersten Blick erscheint das völlig widersinnig. Denn wer wünscht sich nicht, Erfolg zu haben? Je mehr, desto besser. Auch der gut gelaunte Pessimist will doch, dass ihm all das gelingt, was er sich vorgenommen hat. Und in nichts anderem besteht ja nun der Erfolg, könnte man meinen. Doch ist die Sache nicht so einfach. Erfolg verändert uns. Erfolg entwickelt eine Eigendynamik, die generell nicht immer gut ist, aber geradezu verheerend für einen gut gelaunten Pessimisten. Denn eine langanhaltende Erfolgssträhne macht beides zunichte: die gute Laune und den Pessimismus.

Das müssen wir erklären: Um Erfolg zu haben, brauchen wir erstens ein Ziel und zweitens die Mittel, es zu erreichen. Gelingt uns das, nehmen wir uns das nächste Ziel vor. Und das sollte schon eine Nummer größer sein, sonst haken wir das Ergebnis vielleicht ab, aber ein richtiger »Erfolg« ist das nicht mehr. Zumindest empfinden wir es nicht so. Wenn man Erfolg hat, will man noch größeren Erfolg, hat der italienische Torjäger Luca Toni einmal gesagt. Bevor er bei der Europameisterschaft 2008 reihenweise Chancen versiebte und kein einziges Mal ins Tor traf. Aber Luca Toni hat recht. Nehmen wir an, Sie träumen davon, ein Buch zu schreiben. Gelingt Ihnen das, ist das ohne Zweifel ein Erfolg, auch wenn sich die Zahl Ihrer Leser in überschaubarem Rahmen hält.

Buch Nummer zwei soll schon in einem richtigen Verlag erscheinen. Buch Nummer drei soll gute Kritiken bekommen. Buch Nummer vier soll sich außerdem noch gut verkaufen. Für Buch Nummer fünf wollen Sie in eine Talkshow eingeladen werden (→ Seite 24), und für Buch Nummer sechs muss es einen Literaturpreis geben. Immer vorausgesetzt, Sie haben Erfolg.

Es gibt keinen grenzenlosen Erfolg

Auf jeder Stufe werden Sie ein kleines Stück unsympathischer, unzufriedener und unfreier. Das werden wir gleich erklären. Aber jetzt stellen Sie sich vor, Sie bekommen sofort den Literaturpreis plus Einladung in die Talkshows. Für Ihren Erstling, der sich glänzend verkauft! Was für ein Erfolg! Den werden Sie erst einmal bejubeln und genießen. Und dann? Müssen Sie nachlegen. Das ist aber weit schwieriger. Schreiben Sie dasselbe, wird man sagen, Ihnen fällt nichts mehr ein. Schreiben Sie etwas anderes, wird man sagen, Sie haben keine Linie. Nehmen wir an, Sie landen mit Ihrem zweiten Buch auf der gleichen Stufe wie beim ersten Beispiel mit Buch drei: glänzende Kritiken, aber schlechte Verkaufszahlen, keine Talkshow, kein Literaturpreis. Was für ein Schlag. Ein Absturz. Aber als gut gelaunte Pessimistin haben Sie den ja kommen sehen. Und schreiben in aller Ruhe Buch Nummer drei, das immerhin noch in einem richtigen Verlag erscheinen kann. Hoffentlich.

Oder vielleicht auch: Hoffentlich nicht. Denn ein Erfolg kann Sie auch auf eine völlig falsche Spur setzen. Er kann Sie in eine elende Quälerei hineintreiben, die Sie sich nur deshalb zumuten, weil Sie meinen: Da hatte ich doch mal Erfolg, da muss ich jetzt weitermachen. Dabei hätten Sie diese Sache nie ernsthaft verfolgt, wären Sie nicht durch diesen unglücklichen Zufallstreffer auf diese Bahn geraten, die jetzt nur noch abwärtsführt. Deshalb studieren Leute Medizin, nehmen Schauspielunterricht, eröffnen Spezialitätenrestaurants, obwohl sie dafür völlig ungeeignet sind. Nicht, dass man keinen Beruf ergreifen sollte, für den man völlig ungeeignet ist. Die meisten Menschen tun das, zumal es Berufe gibt, für die überhaupt niemand geeignet ist. Aber dann sollte am Anfang wenigstens ein dicker Misserfolg stehen, damit man weiß, worauf man sich einlässt. Werden Sie jedoch durch einen frühen Erfolg überhaupt erst auf die Idee gebracht, Zahnärztin, Schriftsteller oder Model zu werden, dann muss man eben sagen: Pech gehabt! Eine kleine schmerzliche Niederlage zur rechten Zeit hätte Sie vor diesem Unglück bewahren können.

Drei Volltreffer hintereinander können einem fast schon auf die Nerven gehen.

Doch bleiben wir beim Thema Erfolgssträhne: Nach jedem Erfolg sind Sie schwerer zufriedenzustellen. Ihre Ansprüche steigen. An sich selbst, aber auch an andere. Dagegen ist zunächst nicht viel zu sagen. Denn dieses Prinzip führt Sie zuverlässig Ihrer ersten Niederlage entgegen. Die Messlatte wird immer höher gehoben, und irgendwann ist es halt so weit: Sie reißen die Stange. Das ist zwar unangenehm, aber alles in allem eine sehr sinnreiche Einrichtung. Wir erfahren mehr über uns, wenn wir an unsere Grenzen kommen. Wenn wir uns eingestehen: Dies übersteigt meine Möglichkeiten. Misserfolge stellen immer wieder die nötige Bodenhaftung her. Wenn sie völlig fehlen, heben wir ab, verlieren wir den Bezug zur Realität. Unsere Ansprüche werden immer maßloser, und gleichzeitig werden wir immer unzufriedener.

Erfolgserlebnisse sind niemals von Dauer. Und sie nutzen sich ab. Drei Volltreffer hintereinander können einem fast schon auf die Nerven gehen. Und als wäre das nicht schon deprimierend genug, stellt sich häufig ein Gefühl der Leere ein, wenn man das langersehnte Ziel endlich erreicht hat. Bekanntlich lassen sich viele Ehepaare in dem Augenblick scheiden, in dem das gemeinsame

Traumhäuschen bezugsfertig ist. Soll man sich das wirklich wünschen?

Hinzu kommt die ungute Veränderung unserer Persönlichkeit. Wer einen Erfolg auf den anderen türmt, der kommt gar nicht umhin, sich selbst für großartig zu halten. Sogar Pessimisten könnten da ins Wanken geraten. Wenn uns alles gelingt und sogar noch alle Beifall klatschen, schmilzt unsere Fähigkeit zur Selbstkritik dahin. Manchmal genügt auch ein einziger großer Erfolg, um einen angenehmen Mitmenschen in ein egomanisches Monster zu verwandeln, das vor lauter Bedeutsamkeit kaum noch gehen kann. Sympathisch sind solche Leute nun wirklich nicht. Denn nicht genug damit, dass sie sich selbst immer wichtiger nehmen, sie neigen auch dazu, die anderen für immer unwichtiger zu halten. Daher muss einem großen Erfolg immer ein bisschen Niederlage und Versagen beigesalzen werden, um den Schaden in Grenzen zu halten.

Fassen wir zusammen: Erfolg verdummt, Erfolg macht unzufrieden, Erfolg macht unsympathisch. War noch etwas? Ach ja, Erfolg macht unfrei. Und dazu kommen wir jetzt.

Warum gut gelaunte Pessimisten keine Erfolgsmenschen sind

»Erfolg verändert den Menschen nicht. Er entlarvt ihn.« – Max Frisch

Wir hatten vorhin gesagt, dass der gut gelaunte Pessimist die besten Voraussetzungen mitbringt, um einen Erfolg an den anderen zu reihen. Denn er bleibt aufmerksam und beunruhigt genug, um sich gründlich vorzubereiten, woran es die Optimisten ja gewöhnlich fehlen lassen. Deshalb fällt die Bilanz der Pessimisten oft gar nicht so schlecht aus. Und dennoch sind gut gelaunte Pessimisten keine Erfolgsmenschen. Dazu fehlt ihnen nämlich etwas ganz Entscheidendes: der bedingungslose Wille zum Erfolg.

»Aha, jetzt ist es raus!«, jubeln die Erfolgsmenschen. »Wer erfolgreich sein will, der muss den Erfolg auch wollen. Die Pessimisten wollen ihn nicht, zumindest wollen sie nicht so richtig. Also haben sie auf Dauer keinen Erfolg. Wir haben gewonnen!« – »Abwarten«, erwidern die gut gelaunten Pessimisten. Denn wie wir gesehen haben: Ob uns etwas gelingt, das hängt nicht allein davon ab, ob wir es wirklich wollen. Sondern eher schon davon, ob wir es wirklich können. Und was können wir schon wirklich? Aber sogar wenn wir es wirklich könnten, würde uns womöglich noch ein unglücklicher Zufall ein Bein stellen. Ja, vermutlich gerade dann. Doch es ist schon richtig: Den Willen, etwas zu erreichen, muss man schon auch mitbringen. Er ist eine Art Motor hinter unseren Handlungen. Ein starker Wille überwindet Widerstände und Rückschläge, er verhindert, dass wir zu früh aufgeben. Auf der anderen Seite kann ein starker Wille auch dafür sorgen, dass wir zu spät oder überhaupt nicht aufgeben. Das klingt gut, ist es aber nicht. Denn wenn Sie Ihre ganze Energie in eine Sache stecken, bleibt nichts mehr übrig für die vielen anderen Dinge, die es zu entdecken gibt und die womöglich viel lohnender sind. Mit einem Hintern kann man nicht zwei Pferde reiten, sagt ein altes Indianer-Sprichwort.

Erfolgsmenschen sind vollkommen vernagelt. Und das müssen sie auch sein.

Und darin liegt der Kern des Problems: Während ein gut gelaunter Pessimist gelassen die Pferde wechselt (→ Plan B, Seite 22 ff.), meint ein Erfolgsmensch, er müsste noch stärker auf seinen lahmen Gaul eindreschen, um das Ziel zu erreichen. Das ist sein unbedingter Wille zum Erfolg. Er ist von dem Gedanken besessen, alles hänge nur von seinem Willen ab. Und wenn er von Misserfolg zu Misserfolg eilt, dann muss er seinen Erfolg einfach noch stärker wollen. Er mobilisiert seine letzten Reserven und ist bereit, »alles zu geben« für seinen Erfolg. Solche Erfolgsmenschen sind vollkommen vernagelt. Und das müssen sie auch sein. Denn der eigentliche Clou kommt noch: Der eine oder andere Erfolgsmensch kommt mit seiner ruinösen Strategie tatsächlich durch. Was die Sache natürlich viel schlimmer macht.

Ein gut gelaunter Pessimist würde nicht eine Sekunde mit ihm tauschen wollen. Denn die Fixierung auf den Erfolg hat etwas sehr Armseliges an sich. Einem solchen Erfolgsmenschen fehlen Gelassenheit, Mitmenschlichkeit und jede spielerische Freiheit. Sein Wille zum Erfolg verdrängt alles andere. Seine Gedanken kreisen nur um diesen einen Punkt: »Wie kann ich meine erste Million machen?« Oder: »Wie werde ich da und dort die Nummer eins?« Mit so einem Erfolgsmenschen können Sie kein vernünftiges Gespräch führen. In seiner Beschränktheit ist er kaum zu ertragen. Auch wenn er gelegentlich seinen schmalen Horizont erweitert um solche Fragen wie: »Wie können Sie Ihre erste Million machen?« Oder: »Wie werden Sie da und dort die Nummer eins?« Seine Antwort lautet stets: »Machen Sie es so wie ich.«

Von diesem Gedanken ist er auch dann nicht abzubringen, wenn die »erste Million« längst verraucht oder er »da und dort« schon lange auf die hinteren Ränge abgerutscht ist. Auf diese Weise wird der Erfolgsmensch schließlich zur traurigen Figur. Nicht weil er gescheitert ist, sondern weil er sein ganzes Glück von so etwas Armseligem abhängig gemacht hat wie der »ersten Million« oder der »Nummer eins«. Ein gut gelaunter Pessimist lässt hingegen die »erste Million« gelassen verrauchen, noch bevor sie sich auf seinem Vermögenskonto ansammelt. Und wenn er auf den letzten Platz zurückfällt, dann freut er sich, dass er zeitweise mindestens auf dem vorletzten gestanden hat.

Einsam an der Spitze

Es ist doch immer wieder das Gleiche: Am Anfang haben die Leute Spaß daran, wenn ihnen etwas gelingt. Sie genießen es, wenn sie ihre Fähigkeiten nutzen können und dafür belohnt werden. Wenn sie ihre Konkurrenten austricksen, befördert werden oder sich bis auf die Alphaposition durchboxen. Doch sobald sie sich irgendwo ganz oben befinden, machen sie eine sehr unerfreuliche Entdeckung: Sie sind allein, umgeben nur von Kriechern und Neidern. Sie können niemandem vertrauen, und niemand traut ihnen. Sie dürfen sich keinen Fehler erlauben, sonst sind sie weg vom Fenster. Sie vollbringen vortreffliche Leistungen, aber niemand lobt sie mehr dafür. Sie müssen sich selber loben oder sich von den Kriechern loben lassen, was geradezu erniedrigend ist. Aber die Leute, die sie loben sollen, weil sie sich noch ein unabhängiges Urteil bewahrt haben, die lassen das fein bleiben. Dabei müsste denen das doch auffallen, was man hier schafft.

Egal, in welcher Branche und in welchem Bereich: Wer an die Spitze vorstößt, fühlt sich plötzlich sehr allein. Nun ja, wenden Sie vielleicht ein, als gut gelaunter Pessimist hat man da ja nichts zu befürchten. Oh doch, das sollten Sie mittlerweile aber wissen, als gut gelaunter Pessimist hat man immer etwas zu befürchten. Außerdem gibt es weit mehr einsame Spitzen, als man meint. Manche bemerkt man erst, wenn man sie selbst einnimmt. Da muss man gar nicht als rücksichtsloser Karrierist den Weg freigeräumt haben. Es genügt schon, wenn Sie keinen mehr neben sich haben, der Ihnen »auf Augenhöhe« entgegentreten kann, wie man so sagt. Womöglich haben sich Ihre einstigen Widersacher aus dem Staub gemacht, arbeiten nun in einer anderen Branche oder haben sich durch eine kleine Unkorrektheit selbst aus dem Rennen geschossen. Sie sind übrig geblieben. Ganz allein.

Es gibt weit mehr einsame Spitzen, als man meint. Manche bemerkt man erst, wenn man sie selbst einnimmt.

In anderen Fällen werden Sie selbst auf die einsame Spitze gehoben, ohne dass Ihnen das so recht klar wird. Sie sollen anderen Orientierung geben, ihnen sagen, wo es langgeht, und können sich selbst nirgendwo Rat holen. Weil es auf Ihrer Position gar nicht vorgesehen ist, dass Sie sich Rat holen. Sie sind derjenige, der führen soll. Wenn Sie selbst Anlehnung brauchen, stehen Sie mit dem Rücken zur Wand.

Was die Situation noch verschlimmert: Manche fangen an, sich selbst insgeheim für einen Aufschneider und Versager zu halten. Jahrelang haben Sie dafür gekämpft, an die Spitze zu kommen. Sie mussten andere davon überzeugen, dass Sie ein Alleskönner sind. Jetzt stehen Sie da oben und merken: alles gar nicht wahr. Sie sind verunsichert, vereinsamt, von Selbstzweifeln geplagt. Die Spitzenleute wissen doch immer, was zu tun ist. Das ist ihre Aufgabe. Und Sie? Tun nur so. Spielen den anderen eine Komödie vor, Sie Hochstapler.

Genauso halten es natürlich auch viele andere Spitzenleute, wie der holländische Psychologe und Managementberater Manfred Kets de Vries beobachtet hat. Sie meinen, sie würden die Leute an der Nase herumführen, weil sie nach außen ein ganz anderes Bild abgeben und vor Selbstbewusstsein nur so strotzen. Wer an der Spitze steht, dem begegnen die meisten, mit denen er zu tun hat, mit Respekt und Unterwürfigkeit, obwohl er sich selbst für so einen Erzbetrüger hält. Der Einzige, der seine Worte in Zweifel zieht, ist er selbst. Meint er. Woher sollte er auch wissen, dass die anderen genau die gleichen Erzbetrüger sind und ihm ihre eigene Komödie vorspielen?

Wie Sie Erfolge in Misserfolge verwandeln

Für einen gut gelaunten Pessimisten gibt es daher nur einen Weg, um aus diesem Schlamassel herauszukommen: Er muss seine Erfolge so betrachten, als wären sie zumindest halbe Misserfolge. Was sie ja irgendwo auch sind, bei all dem Ärger, den sie einbringen können. Als Pessimist haben Sie ohnehin reichlich Übung darin, in jedem Gelingen schon Anzeichen für den kommenden Niedergang zu entdecken. Außerdem können Sie sich auf die Hilfe bewährter Miesmacher verlassen, die einen Erfolg sehr gerne in Grund und Boden reden. Dabei brauchen Sie den Kopf nicht hängen zu lassen. Im Gegenteil. Die anderen sind ja um keinen Deut erfolgreicher. Und wenn sie es doch sind, dann ist das nicht Ihr, sondern deren Problem.

Wenn die anderen erfolgreicher sind, dann ist das nicht Ihr, sondern deren Problem.

Überhaupt ist es eine ziemlich unpessimistische Denkweise, stets nur nach Erfolgen zu gieren und Misserfolge nur als notwendige Durchgangsstationen auf dem Weg zum finalen Triumph gelten zu lassen. Es ist doch eher umgekehrt: Erfolge sind eine gute Gelegenheit, sich auf das große Scheitern (→ Seite 194 ff.: »Der gut gelaunte Pessimist und die letzten Fragen«) einzustimmen, das auf uns alle wartet und das wir uns durch die kleinen Triumphe vielleicht ein bisschen versüßen können. Denn froh und stolz dürfen wir bei aller Beunruhigung natürlich schon sein. Und die kleinen Triumphe genießen. Aber auch die Misserfolge sind gar nicht so schlimm. Denn erstens sind sie der Regelfall, zweitens bewahren sie uns vor den Unannehmlichkeiten des Erfolgs, und drittens sind es die Misserfolge, die uns mehr über uns selbst erfahren lassen. Viertens bekommen wir gerade nach einem Misserfolg Zuwendung von unseren wahren Freunden, während sie nach jedem Erfolg mit den Zähnen knirschen (→ Seite 68 ff.: »Der gut gelaunte Pessimist und seine Freunde«). Fünftens schließlich geben uns Misserfolge Gelegenheit, uns von unserer besten Seite zu zeigen. Denn weit mehr als jede Siegerpose beeindruckt uns, wenn jemand bei einer Niederlage Größe zeigt.

Am Ende kommt es ohnehin nicht darauf an, ob Sie in Ihrem Leben genügend Erfolge gesammelt haben, sondern ob Sie mit sich im Reinen sind. So wie ein gut gelaunter Pessimist eben. Für ihn ist es durchaus vorstellbar, von der Wiege bis zur Bahre unter dem Radarschirm des Erfolgs hindurchzufliegen und dennoch ein erfülltes Leben zu führen. Rex Gordon, ein ebenso liebenswerter wie erfolgloser Schlagersänger, hat es einmal so formuliert: »Jeder hat auf seine Art Misserfolg. Und ich mache eben Musik.«

Vom Glück, unterschätzt zu werden

Vielleicht schütteln Sie gerade den Kopf und meinen, man darf sich seine kleinen Erfolge doch nicht noch kleiner machen lassen. Sondern man müsste sie ganz im Gegenteil so groß wie möglich erscheinen lassen, damit sie überhaupt wahrgenommen werden. So ist das heute, in der Turbokonkurrenzgesellschaft. Klappern gehört zum Handwerk. Na, dann klappern Sie mal weiter. Für uns gut gelaunte Pessimisten hat es jedoch einen ganz eigenen Reiz, unterschätzt zu werden. Nicht nur von uns selbst (→ Seite 34 ff.: »Die Freuden der Selbstunterschätzung«), sondern mehr noch von den anderen. Da fühlen wir uns zu Hause und feiern unsere schönsten Triumphe.

Es ist nämlich die offene Flanke der Erfolgsmenschen: Sie werden ständig überschätzt, von den anderen, aber auch von sich selbst. Überschätzung und Selbstüberschätzung sind ihr Geschäftsprinzip. »Ich kann das! Ich schaffe das!«, verkünden sie, noch ehe sie wissen, worum es überhaupt geht. Sie meinen, wenn sie sich so aufspielen, dann lässt man sie machen. Und wenn man sie machen lässt, dann haben sie schon halb gewonnen. Und wenn sie schon halb gewonnen haben, dann dürfen sie alles zugrunde richten.

Gut gelaunte Pessimisten setzen stattdessen auf Understatement. Mehr sein als scheinen. Angeblich ist dieses altehrwürdige Gentleman-Prinzip aus der Mode gekommen, heute, da niemand mehr Zeit hat, sich mit dem Sein zu beschäftigen, und sich daher auf den Schein verlässt. Doch das glaube, wer will. Nach meinem Eindruck wird Understatement außerordentlich hoch geschätzt, heute mehr denn je, da Klappern oftmals das Handwerk ersetzt, zu dem es angeblich gehört. Die Schwierigkeit besteht nur darin, Understatement überhaupt zu bemerken, in dem ganzen Trommelfeuer, das die Großsprecher und Erfolgsmenschen erzeugen. Aber das ändert ja nichts daran: Understatement tut gut, Understatement verschafft Respekt, Understatement ist überhaupt die einzig erträgliche Form, Erfolg zu haben.

Understatement ist die einzig erträgliche Form, Erfolg zu haben.

Vielleicht kommt man mit Understatement langsamer voran. Oder auch überhaupt nicht. Das macht aber gar nichts. Denn man bleibt auf solidem Grund. Außerdem ergibt sich dann doch immer wieder mal die Gelegenheit, sein Understatement eindrucksvoll ins Spiel zu bringen. Es ist ein einzigartiges Vergnügen, wenn allgemein damit gerechnet wird, dass Sie die geforderte Aufgabe mehr schlecht als recht hinbringen. Und dann packen Sie aus und legen eine Leistung hin, dass es den anderen den Atem verschlägt. Besser noch: Sie müssen sich mit einem selbstverliebten Erfolgsmenschen auseinandersetzen, der meint, er würde Sie locker in die Tasche stecken. Sie bestärken ihn erst in dieser Annahme. Und dann blättern Sie Ihr geballtes Wissen auf, zerpflücken seine Scheinargumente und entlarven Ihren brillanten Kollegen als ahnungslosen Dummschwätzer. Solche Erfolge gehören zu dem Köstlichsten, was Beruf, Freizeit und Familienleben zu bieten haben. Sie können sicher sein, dass Sie sich nach einem solchen Auftritt so viel Respekt verschafft haben, dass es jeden Schaumschläger vor Neid zerreißt. Weil Sie kein Aufschneider sind, traut man Ihnen nun alles Mögliche zu. Und das kann dann schon wieder gefährlich werden.

Der gut gelaunte Pessimist und seine Beziehung-(skris)en

Auch in Herzensangelegenheiten kann Pessimismus hilfreich sein, denn er sorgt für die nötige Erdung. Erfahren Sie außerdem, warum die Phase der Ernüchterung durchaus nützlich sein kann und warum sich fortgeschrittene Paare gerne quälen.

Es war alles bestens eingefädelt. Niemand würde Verdacht schöpfen. Ich wollte eine Party geben, und K. hatte zugesagt zu kommen. Ganz beiläufig hatte sie zugesagt, aber ich hatte sie ja schließlich auch ganz beiläufig eingeladen. Dabei hatte ich diese Feier einzig und allein ihretwegen veranstaltet, um dezent den Boden zu bereiten für spätere Manöver, die nach Pessimistenart sorgfältig abgestützt werden mussten. Sonst drohten offene Zurückweisung, Blamage, peinliche Blicke, Abbruch einer freundschaftlichen Beziehung. Nun, die Party wurde ein beschwingtes, fröhliches Fest und erfüllte vollkommen ihren Zweck: Niemand schöpfte Verdacht. Was vielleicht auch daran lag, dass es mir nicht recht gelingen wollte, mit K. ins Gespräch zu kommen – was nicht weiter überraschend ist, denn als Gastgeber kommt man ja niemals dazu, sich um die angenehmen Gäste zu kümmern (→ Seite 177 ff.: »Der gut gelaunte Pessimist auf der Party«). Es lief also alles nach Plan. Doch ein paar Tage später erzählte mein guter alter Freund Till T. ganz beiläufig, dass K. ihm ihre Telefonnummer aufgenötigt und vorgeschlagen habe, sich doch mal zu treffen. »Ich habe natürlich abgelehnt«, sagte er mit dem gewinnenden Schmunzeln eines Mannes, dem die Frauen scharenweise nachlaufen. »Denn du weißt ja, ich bin nun mal in festen Händen.« Oh ja, ich wusste auch das.

Das grundlegende Dilemma eines Pessimisten, der eine Beziehung eingehen will: Die andere Seite will keine Beziehung eingehen.

Es gibt schlimmere Arten, eine Abfuhr zu bekommen. Über die breiten wir den Mantel des Schweigens. Denn es geht hier um das grundlegende Dilemma, in dem sich ein Pessimist befindet, der eine Beziehung eingehen will. Die andere Seite will *keine* Beziehung eingehen. Zumindest nicht mit ihm. Und wenn die andere Seite doch eine Beziehung eingehen will, dann möchte man selbst nicht mehr, noch nicht oder nun schon überhaupt nicht.

Strategien bei der Partnerwahl

Aber natürlich möchten gut gelaunte Pessimisten im Prinzip schon eine Beziehung eingehen. Die Frage ist nur: Mit wem? Im Laufe der Evolutionsgeschichte haben sich unterschiedliche Strategien der Partnerwahl herausgebildet, von denen man sagen kann: So richtig funktionieren sie alle nicht. Aber das ist ja von der Evolution, dieser blinden Bastlerin, auch nicht anders zu erwarten. Zunächst muss man unterscheiden zwischen einer weiblichen und einer männlichen Strategie, wobei die Übergänge, wie immer im Leben, fließend sind und manche Männer mit der weiblichen Strategie wahre Triumphe feiern, während Frauen mit der männlichen Strategie vermutlich einen weniger guten Schnitt machen. Aber der Reihe nach. Die weibliche Strategie besteht üblicherweise darin, aus der Vielzahl konkurrierender Märchenprinzen den tauglichsten auszuwählen. Während die männliche Strategie vorsieht, eine geeignete Märchenprinzessin aufzuspüren und sie im Sturm zu erobern, was einschließt: sich gegenüber konkurrierenden Märchenprinzen, soweit vorhanden, durchzusetzen.

Geht man direkt auf den Märchenprinzen zu, ergreift er die Flucht.

Nun versagt die weibliche Strategie in dem Augenblick, in dem sich keine hinreichende Anzahl konkurrierender Märchenprinzen (»Verehrer«, sagt meine Frau) einfinden will. Die für eine Auswahl dringend erforderliche Mindestanzahl von eins (»Ich nehm ihn/ich nehm ihn nicht«) wird oft deutlich unterschritten. Und was dann? Dann muss man selbst auf Prinzenpirsch gehen und mögliche Opfer durch subtile Signale auf sich aufmerksam machen. Denn eines muss man wissen: Geht man direkt auf diese Märchenprinzen zu, ergreifen sie die Flucht. Und wenn sie nicht die Flucht ergreifen, dann handelt es sich meist um einen Vertreter der weitverbreiteten Spezies der allzeit bereiten »Mistkerle«. Die Alternative zur Prinzenpirsch sieht vor, das Anforderungsprofil so zu ändern, dass nun auch Außenseiter ihre Chance bekommen, abgelehnt zu werden.

Bei der männlichen Strategie liegen die Probleme naturgemäß woanders. So tappen viele im Dunkeln, wo sich überhaupt geeignete Prinzessinnen aufspüren lassen. Wobei ein wesentlicher Teil ihrer Eignung darin besteht, dass man bei ihnen noch als Märchenprinz durchgeht. Oder dass man wenigstens als ambitionierter Außenseiter mit einer »Wild Card« zugelassen wird. Erschwert wird das Tappen im Dunkeln noch durch den Umstand, dass jede Abweisung die Chancen verschlechtert, andernorts als Märchenprinz mit offenen Armen aufgenommen zu werden. Man darf also nicht allzu oft und allzu offensichtlich scheitern, was für einen Pessimisten schon mal ungünstige Voraussetzungen sind. Sie zwingen ihn zu komplizierten Manövern der beiläufigen Annäherung und des probeweisen Abtauchens, die unbekümmerten Gemütern völlig fremd sind. Ein flüchtiger Betrachter, der dem Pessimisten nicht in sein glühendes Herz zu schauen vermag, könnte meinen: Für einen Pessimisten besteht die männliche Strategie darin, erst einmal abzuwarten, aufzupassen und gar nichts zu tun. Und genau darin besteht für eine umsichtige Pessimistin auch die weibliche Strategie.

Der Vorteil der pessimistischen Methode

Vielleicht halten Sie das für keine gute Methode, einen geeigneten Partner zu finden. Weil sich die Beherzten, Kaltschnäuzigen und weniger Zartbesaiteten an einem vorbeidrängeln und Ihnen die besten Prinzen und Prinzessinnen vor der Nase wegschnappen. Doch warten Sie ab. Zwar ist es schon richtig, dass die zaghaften Pessimisten wie in unserem Eingangsbeispiel einfach überspielt, ja gar nicht als ernsthafte Konkurrenz wahrgenommen werden.

Auf diese Weise kommen Pessimisten weit weniger oft zum Zuge, manche auch überhaupt nicht. Aber das ist nicht etwa die große Schwäche, sondern der eigentliche Vorteil der pessimistischen Methode. Denn eines dürfen Sie ja nun wirklich nicht erwarten: dass eine der genannten Strategien zum Erfolg führt.

Das fängt schon damit an, dass es gar keine Märchenprinzen und -prinzessinnen gibt, so dass man eigentlich immer auf irgendeinen Schwindel hereinfällt. Außerdem muss man den Faktor Zeit berücksichtigen und die innere Mechanik des Begehrens, wenn ich das mal so nennen darf. Faktor Zeit heißt: Sobald Sie sich auf irgend so einen kugelbäuchigen Scheinprinzen eingelassen haben, reitet ein echter Vollprinz in den Schlosshof. Und sobald Sie den kugelbäuchigen Scheinprinzen zum Mond schießen, ist der Schlosshof auch schon wieder leer (für Leser, die jetzt ein Beispiel für die männliche Strategie erwarten: Stellen Sie sich vor, Sie sind der kugelbäuchige Scheinprinz).

Bleibt noch die Frage, wieso manche Männer mit der weiblichen Strategie so ungemein erfolgreich sind. Nun, aus irgendeinem rätselhaften Grund drängeln sich bei ihnen die Märchenprinzessinnen; und sie sind es, die auswählen müssen. Und, ja, Sie vermuten richtig, bei diesen Männern handelt es sich niemals um gut gelaunte Pessimisten. Die stehen am Rand und rätseln: Wie machen die das bloß?

Die Mechanik des Begehrens

Liebesbeziehungen kommen nicht einfach so zustande, indem man sich einigt: Also gut, dann lassen wir es mal auf einen Versuch ankommen. Vielmehr muss das Ganze überhaupt erst in Schwung gebracht werden. Und in Schwung gebracht wird es nur dadurch, dass die eine Seite die andere begehrt. Ohne Begehren keine Liebesbeziehung, so einfach ist das. Doch sagen wir es offen: Das Begehren ist erst einmal eine ziemlich einseitige Angelegenheit. Die eine Seite will, drängt, schmachtet. Und die andere Seite hatte eigentlich andere Pläne und gibt schließlich nach. Denn begehrt wird man ja nicht alle Tage, zumal wenn man die dreißig überschritten hat und/oder kein beruhigendes Finanzpolster vorweisen kann, sondern eher auf der Suche danach ist. Und die einzigen Pölsterchen, Sie wissen schon. Nicht gerade schmeichelhafte Gedanken für den Begehrenden, aber der soll doch zufrieden sein, wenn er überhaupt erhört wird.

Die eine Seite will, drängt, schmachtet. Und die andere Seite hatte eigentlich andere Pläne.

Allerdings ist die Sache noch ein wenig verwickelter. Denn das Besondere am Begehren ist, dass es zunimmt, solange sich die Gegenseite entzieht. Und allmählich wieder einschrumpft, sobald die Gegenseite nachgibt. Gleichzeitig aber gibt es einen kritischen Zeitpunkt, an dem das unerfüllte Begehren schlagartig aussetzt. »Na gut, dann eben nicht«, sagt der echte Vollprinz entnervt, besteigt seinen Schimmel und reitet wieder ab.

So weit darf man es natürlich nicht kommen lassen. Man muss den richtigen Zeitpunkt abpassen, um nachzugeben. Nicht zu früh, damit das Begehren nicht gleich wieder weg ist, wenn man zusammenkommt. Und auch nicht zu spät, denn zurückholen lässt sich so ein davongerittener Vollprinz nimmermehr. Und wenn er sich doch zurückholen lässt, dann handelt es sich wieder einmal um ein Exemplar der allzeit bereiten »Mistkerle«.

Das Begehren und Begehrtwerden darf übrigens nicht verwechselt werden mit weiblicher und männlicher Strategie. Wenn man es schlau genug anstellt, kann man durchaus die Begehrende sein und aus der Schar begehrter Märchenprinzen auswählen – oder was man so für Märchenprinzen hält. Hinzu kommt, dass das Begehren mit dem Eingehen der Liebesbeziehung nicht etwa zum Erliegen kommt (das kommt dann erst, wenn die Beziehung ernst wird). In einigen Fällen fängt das Begehren überhaupt erst mit der Beziehung an: Wenn nämlich die Sache kippt und der vormals Begehrte nun zum Begehrenden wird. Wobei man sagen muss, dass dies ganz im Sinne des vormals Begehrenden ist. Denn auf Dauer ist es etwas deprimierend, wenn man der Einzige bleibt, der erkennen lässt, dass ihm an dem anderen etwas liegt. Obwohl es Leute geben soll, die genau so was mögen.

Zunächst fühlt sich die Begehrte geschmeichelt, dann verachtet sie ihn, um schließlich nur noch auf ihm herumzutrampeln.

Vielleicht meinen Sie, für einen gut gelaunten Pessimisten (gleich welchen Geschlechts) wäre es besonders günstig, in der Rolle des Begehrten zu sein. Dann müsste er nicht so viel tun und könnte infolgedessen auch nicht so viel falsch machen. Das ist aber ein völliger Irrtum. Gerade in der Rolle des Begehrten kann entsetzlich viel falschlaufen. Denn erstens haben Sie keinen Einfluss darauf, wer Sie da so begehrenswert findet. Dass er sich ausgerechnet Sie ausgeguckt hat, spricht aus Pessimistensicht bereits gegen ihn. Dann doch lieber selbst aussuchen, mit wem man sein Leben teilen will. Und zweitens ist es auf Dauer regelrecht unangenehm, immer nur begehrt zu werden, ohne selbst mal zurückzubegehren. Und Sie können schlechterdings nicht zurückbegehren, solange der andere Ihnen noch zu Füßen liegt. Er muss es dann auch einmal genug sein lassen mit seiner aufdringlichen Vereinnahmung. Er muss sich auch einmal zurückziehen, damit Sie ähnliche Gefühle für ihn entwickeln können. Dumm nur, wenn Sie bei dieser Gelegenheit feststellen, dass er Sie völlig kaltlässt.

Und es kommt noch etwas hinzu: Wer sich begehren lässt, gerät leicht in Gefahr, zum selbstsüchtigen Scheusal zu werden. Ich weiß nicht, ob Sie solche Paare kennen, bei denen die Rollen des Begehrens sehr einseitig verteilt sind. Sagen wir: Er liegt ihr zu Füßen. Und was macht sie? Zunächst wird sie sich geschmeichelt fühlen, dann ihn verachten und schließlich nur noch auf ihm herumtrampeln. Solche Konstellationen erträgt man ja kaum, wenn man bei denen zum Kaffee eingeladen ist. Wie soll man das aushalten, wenn man selbst gezwungen ist, in diesem Beziehungsdrama die Rolle des Scheusals zu übernehmen? Und da gleitet man automatisch rein, wenn sich der andere nicht ein wenig zusammenreißt und einen auch mal auflaufen lässt.

Aber natürlich sollten Sie nun auch nicht den Schluss ziehen, als gut gelaunter Pessimist wäre es angenehmer, in der Rolle des Begehrenden zu sein. Das ist nun auch wieder nicht so. Vielmehr ist der Begehrende nicht weniger schlecht dran. Er begibt sich in einen Zustand verminderter Zurechnungsfähigkeit. Er wird »limerent«, wie die Verhaltenspsychologen das nennen, was so viel heißt wie: Er läuft ab sofort mit rosaroten Scheuklappen durch die Welt. Seine Gedanken kreisen nur noch um den anderen, der hemmungslos verklärt wird. Sogar Pessimisten können gar nicht anders. Die eklatanten Fehler und Schwächen des andern nimmt man im Zustand der Limerenz nicht mehr wahr. Was aber noch schlimmer ist: seine eigenen auch nicht mehr. Daher stellen limerenzgeplagte Menschen so viel Unsinn an und lassen keine Gelegenheit aus, sich lächerlich zu machen. Männer lassen sich schlimme Bärte wachsen, Frauen zwängen sich in unvorteilhafte Kleidung, in einzelnen Fällen kann es auch einmal umgekehrt sein.

»Aber das ist doch das Schöne daran«, flöten die Liebesexperten. »Ein bisschen Wahnsinn in unserer kühlen, zweckrationalen Welt, das macht uns doch nur menschlicher.« So eine Behauptung geht völlig an der Sache vorbei. Erstens ist unsere kühle Welt gar nicht so zweckrational, wie immer wieder behauptet wird, sondern so schrecklich irrational, dass einen das Grausen überkommt. Und dann sollte man nicht glauben, es wäre die reine Freude, sich zum Narren zu machen. Nicht wenige werfen ihr letztes Stück Ehrgefühl über Bord, erniedrigen sich selbst so sehr, dass es für andere kaum mit anzusehen ist. Und wenn das Begehren einmal abgeklungen ist, dann ist es den Betreffenden selbst peinlich, wie sie sich aufgeführt haben. Ja, das ist überhaupt das einzig Tröstliche an der Limerenz: dass sie früher oder später wieder abklingt wie eine Frühjahrsgrippe. Und erst dann kommt man wieder zu Verstand.

Und erst dann lässt sich halbwegs realistisch abschätzen, wen man da überhaupt begehrt hat. Häufig sind das ja nicht gerade die Menschen, die einem guttun. Manche verwandeln einen in ein Nervenbündel, halten Freunde auf Abstand und/oder ruinieren einen finanziell. Und warum? Weil man sich aus irgendeinem lächerlichen Grund in den anderen »vernarrt« hat. Wegen der Art, wie er spitzbübisch lacht, seine Brille putzt, seine Brieftasche zieht oder wie sie spricht und dabei mit den Augenbrauen zittert, diese kleinen unscheinbaren Dinge. So ist das mit dem Begehren. Seien Sie froh, wenn Sie ohne größere Schäden davonkommen.

Die Vorteile des Beuteschemas

Von Raubtieren wissen wir, dass sie ein bestimmtes »Beuteschema« haben. Das heißt, sie machen nur Jagd auf Tiere, die bestimmte Merkmale haben. Wie Form, Farbe oder Bewegungsmuster. Alles andere, was da kreucht und fleucht, lassen sie links liegen. Für die Raubtiere ist so ein Beuteschema enorm praktisch, denn auf diese Weise machen sie nur Jagd auf Tiere, die für sie als Beute geeignet sind und an denen sie sich nicht den Magen verderben. Nun, beim menschlichen Beuteschema ist eher das Gegenteil der Fall. Dass jemand ein bestimmtes Beuteschema hat, fällt ja überhaupt nur auf, weil er ständig an die Falschen gerät. Seine Beziehungen gehen schief, immer wieder wird er sitzengelassen, ergreift selbst die Flucht, oder die ganze Sache kommt gar nicht zustande, weil er sich eine Abfuhr einhandelt. Und was macht so ein Mensch mit einem bestimmten Beuteschema? Er peilt den nächsten Missgriff an, der in allen wesentlichen Eigenschaften seinem Vorgänger gleicht.

Und doch werden wir als Pessimisten auch gewisse Vorteile in diesem Beuteschema entdecken können. Erstens verhindert das Beuteschema, dass man sich auf Beziehungen einlässt, die ganz anders geartet sind, die aber ebenfalls scheitern. Wer ein Beuteschema hat, der kann Freunden gegenüber erklären: »Ich weiß auch nicht, ich verliebe mich immer in die falschen Männer/Frauen. Aber was soll ich machen? Ich mag nun mal die Schwarzhaarigen/Rothaarigen/Blonden, die so zerbrechlich aussehen wie eine Porzellanpuppe/die eine Bierflasche mit den Zähnen öffnen können.« Und die Freunde trösten einen und geben einem den guten Rat, es doch einmal mit einer netten Frau/einem netten Mann zu versuchen, der nicht dem Beuteschema entspricht. Dann würde alles gut werden. Und ein wenig ist man ja geneigt, ihnen zu glauben, auch wenn man tunlichst bei seinem Beuteschema bleibt. Denn ohne Beuteschema müsste man ja annehmen, es gäbe gar keine netten Männer/Frauen, mit denen alles gut werden würde.

Dass jemand ein Beuteschema hat, fällt ja nur auf, weil er ständig an die Falschen gerät.

Zweitens sorgt so ein Beuteschema dafür, dass man immer wieder aufs Neue »limerent« wird. Moment mal, haben wir nicht gerade gesagt, wer limerent wird, ist arm dran, macht sich lächerlich und kann froh sein, wenn alles ohne großen Schaden überstanden ist? Nun, das ist vollkommen richtig. Das heißt aber nicht, dass Sie besser dran wären, wenn Sie nach einer überstandenen Limerenz überhaupt nicht mehr limerent werden würden. Denn solange Sie limerent sind, leiden Sie ja gar nicht. Im Gegenteil, es geht Ihnen prächtig (das ist ja genau das Problem, weil Sie gar nicht merken, was Sie anrichten). Der Jammer setzt ja erst ein, wenn die Limerenz nachlässt und Sie endlich anfangen, wieder klarzusehen. Wer sich also trennt und gar nicht mehr limerent wird, ist überhaupt am ärmsten dran. Er ist verbohrt, verbittert und trägt es seiner großen Liebe auf ewig nach, dass sie ihn so enttäuscht hat. Ganz anders ein Mensch mit einem Beuteschema: Wenn die Eckdaten stimmen, verliebt er sich immer wieder aufs Neue. Egal, ob es dem anderen nun passt oder nicht.

Gemeinsam Schmetterlinge im Bauch

Wer verliebt ist, denkt nicht darüber nach: Ergänzen sich unsere Fehler überhaupt oder multiplizieren sie sich bloß?

Aber es gibt doch auch den Fall, dass sich zwei Menschen mehr oder weniger zeitgleich ineinander verlieben. Vor allem in jungen Jahren, wenn der Hormonpegel entsprechende Höchststände erreicht, soll so etwas immer wieder vorkommen. Der eine macht vielleicht den Anfang, aber dann hat es auch schon den anderen erwischt. Beide haben »Schmetterlinge im Bauch«, wie man so sagt. Das ist nun aber keineswegs der Idealzustand, wie viele Paare annehmen. Denn im Unterschied zu den eben genannten Beispielen dreht nicht bloß einer durch, sondern gleich alle beide. Doppelt limerent heißt aber vierfach vernagelt. In den erstgenannten Fällen konnte wenigstens einer kühlen Kopf bewahren und nüchtern abwägen: Lohnt sich die Sache? Hat sie Zukunft? Passen unsere Fehler überhaupt zusammen? Ergänzen sie sich oder multiplizieren sie sich bloß?

Für solche besonnenen Gedanken ist aber kein Platz, wenn sich beide im Liebesrausch befinden. Und wenn einer doch mal Zweifel äußert, ob ihre Verbindung überhaupt eine Zukunft hat, so stachelt das die beiden nur an, sich noch tiefer in dem feingewobenen Spinnennetz der Limerenz zu verstricken. Sie meinen dann: Je mehr Gründe gegen ihre Beziehung sprechen, umso größer muss ihre Liebe sein, wenn sie trotz allem daran festhalten. Dabei ist es ja schon schwer genug, an seiner Liebe festzuhalten, wenn alle Gründe dafür sprechen. Fürs Erste halten wir fest: Egal, ob Sie der Begehrende sind oder der Begehrte oder beides zugleich, das Unglück ist einfach nicht aufzuhalten.

Das produktive Missverständnis

Einige pessimistische Leser werden an dieser Stelle Einspruch erheben: Begehren reicht ja nicht aus, um eine Beziehung zusammenzuschmieden. Im Gegenteil, aus streng pessimistischer Sicht verhindert das Begehren ja geradezu, dass eine Beziehung zustande kommt. Kaum interessiert man sich für jemanden, schon reagiert er beunruhigt, kühl, abweisend oder gar bestürzt. Aber auch umgekehrt gilt: Wenn sich jemand uns gegenüber allzu limerent benimmt, dann ist das nicht gerade eine Empfehlung. Zumal sich Menschen, die sich verliebt haben, einfach tölpelhaft benehmen. Natürlich fühlt man sich geschmeichelt, aber man stellt sich schon seine Fragen. Wie konnte das passieren? Sehe ich seiner Mutter ähnlich? Oder hat sie irgendetwas eingenommen?

Ein gut gelaunter Pessimist muss daher immer Umwege gehen. Er darf nicht direkt erkennen lassen, dass er an jemandem brennendes Interesse hat. Sonst hat er verloren. Auf der anderen Seite muss er es aber doch erkennen lassen. Denn sonst hat er erst recht verloren. Seine einzige Chance besteht darin, sich selbst und sein Opfer zu überlisten. Eine außerordentlich hilfreiche Methode, die ich während meines Studiums der Musikwissenschaft kennengelernt habe, ist die des »produktiven Missverständnisses«. Beim

Studium war es nämlich so: Im Anschluss an Referate und Vorlesungen hatten die Studenten »Gelegenheit, Fragen zu stellen«. In aller Regel herrschte dann verlegenes Schweigen, ganz so wie auch im Anbahnungsstadium einer Beziehung. Daraufhin hatte unser Professor immer die gleiche rettende Idee. Er forderte uns auf: »Dann sorgen Sie wenigstens für ein produktives Missverständnis.«

Genau darum geht es. Um das produktive Missverständnis. Es bringt die Dinge voran, die Knoten zum Platzen und die Verhältnisse zum Tanzen. In der Musikwissenschaft ja sowieso, aber eben auch in Liebesdingen. Wenigstens sofern gut gelaunte Pessimisten darin verstrickt sind. Produktive Missverständnisse können auf vielfältige Art entstehen. Zum Beispiel können Sie jemandem, an dem Sie interessiert sind, den Eindruck vermitteln, Sie wären an ihm interessiert. Moment, wo bleibt da das Missverständnis? Das kommt jetzt: Sobald der andere glaubt, Sie wären an ihm interessiert, geben Sie ihm Anlass zu glauben, das Ganze sei, jawohl, ein Missverständnis. Das ist aber erst der Anfang. Denn wenn jetzt der andere annimmt, er hätte sich getäuscht, drehen Sie eine neue Runde, so dass der andere denkt: Aha, die ist ja womöglich doch ... »Und was soll das bringen?«, fragen die unbekümmerten Gemüter dazwischen. Es ergeben sich sogar zwei Vorteile, lautet die Antwort. Erstens sorgt das produktive Missverständnis dafür, dass der andere reagiert. Aus der Art seiner Reaktion lassen sich Rückschlüsse ziehen, die uns helfen, das nächste Missverständnis anzuzetteln, wobei wir natürlich selbst in Gefahr geraten, einem Missverständnis aufzusitzen. Aber was heißt hier Gefahr? Letztlich wollen wir ja gar nichts anderes. Wir wollen verstricken und verstrickt werden, überlisten und überlistet werden. Auch uns selbst müssen wir ein wenig überlisten. Und dem anderen geht es ja nicht anders. Zweitens kommen Sie bei einem produktiven Missverständnis ganz einfach wieder aus der Sache heraus. Weil ja alles nur ein Missverständnis war. Und zwar ein ungemein produktives. Klappt es trotzdem irgendwie, dann sind Sie mit einem Mal verliebt, verlobt, verheiratet und leben glücklich und zufrieden bis an Ihr Lebensende. Meinen Sie.

Die Phase der Ernüchterung

Irgendwann flaut sie ab, die Limerenz. Dann findet man den anderen nicht mehr so großartig und faszinierend. Man bemerkt, wie viel Alkohol er am Abend zu sich nimmt, dass sie schlecht über ihn redet, er aus dem Mund riecht, sie Kuschelrock hört, er sich von seiner Mutter die Hemden bügeln lässt, sie nach dem »göttlichen Kind« in sich sucht, er die Zahnpastatube niemals zudreht, sie die »Gala« liest, er einen Putzfimmel hat, sie mit ihren Pflanzen spricht und er doch kein Vegetarier ist. Das muss man erst einmal verkraften. Zumal wir in dieser Phase der Ernüchterung den anderen nicht nur kritischer sehen, also allmählich so, wie er ist und bleiben wird. Sondern wir selbst strengen uns auch nicht mehr so furchtbar an, ein gutes Bild abzugeben. Unsere Schokoladenseite, sie ist dahingeschmolzen. Und wir werden uns nie wieder hinter ihr verstecken können.

Für einen gut gelaunten Pessimisten ist das allerdings kein Grund, den Kopf hängen zu lassen. Im Gegenteil, in Phasen der Ernüchterung fühlen wir uns zu Hause. Es ist ja eigentlich nur das eingetreten, was immer eintritt, wenn man lange genug abwartet. Jetzt erst können wir anfangen, Nägel mit Köpfen zu machen, und überlegen: Passen wir tatsächlich zusammen? Ist die Beziehung überhaupt ernst? Sollen wir heiraten, Kinder kriegen, steuerlich gemeinsam veranlagt werden? Wann wollen Sie diese Fragen ehrlich

Ein Übermaß an Ernüchterung vermeiden Sie, indem Sie von vornherein die »Fallhöhe« gering halten.

beantworten, wenn nicht im Zustand einer gewissen Ernüchterung?

Zu viel Ernüchterung ist natürlich auch nicht gut. Dann fängt man an, den anderen zu verachten. Und das hat noch keiner Beziehung gutgetan. Ein Übermaß an Ernüchterung vermeiden Sie, indem Sie von vornherein die »Fallhöhe« gering halten. Wenn Sie den anderen vorher in den Himmel gehoben haben, muss er natürlich dramatisch abstürzen, sobald sich herausstellt, dass er dasselbe dürftige Menschenformat hat wie wir alle. Als gut gelaunter Pessimist halten Sie es dagegen wie ein versierter Pilot und beginnen rechtzeitig mit dem Landeanflug. Stück für Stück sacken Sie ein wenig mehr der Ernüchterung entgegen und setzen sicher auf der Landebahn auf, um in aller Pessimistenruhe zu überlegen: Wie geht es weiter?

Und dann fällt die Entscheidung: Manchmal muss man sich trennen, mit oder ohne Getöse. Vielleicht schleicht sich Ihr Partner auch in einem günstigen Moment davon und gibt eine letzte Probe seiner charakterlichen Qualitäten. Dafür sollten Sie ihm eigentlich gar nicht böse sein, sondern dankbar – auch wenn ein starker Abgang schon etwas anders aussieht. Doch besser ein schwacher Abgang als überhaupt keiner. Sehen Sie es einmal so: Wer Sie mit seiner Abwesenheit quält, kann Sie nicht länger mit seiner Anwesenheit quälen, und das ist langfristig gesehen immer die bessere Lösung.

Viele Paare bleiben aber auch zusammen. Seite an Seite gehen sie gemeinsam durch eine Zeit endloser Auseinandersetzungen, fruchtloser Streitigkeiten und gehässiger Sticheleien. Man begehrt den anderen nicht mehr so stark wie am Anfang, was man ihn durchaus spüren lässt. Aber gleichgültig ist er einem noch lange nicht. Und man kennt sich gut genug, um sich gegenseitig so tiefe Verletzungen zuzufügen, wie es sonst nur richtig gute Freunde fertigbringen. Womöglich sind Sie enttäuscht, spielen in

Gedanken schon mal durch, wie das wohl wäre, sich zu trennen, und kommen zu dem Schluss: Gar nicht schlimm! Und das bringt Sie völlig aus der Fassung: So weit ist es schon! Keine Liebe mehr da! Ist das nicht furchtbar?

Quälende Phasen festigen die Beziehung, was man natürlich auch wieder als Bedrohung sehen kann.

Alles halb so schlimm. Um es kurz zu machen: Solche quälenden Phasen müssen einfach sein. Als gut gelaunter Pessimist sollten Sie die schon lange auf dem Programmzettel haben. Wie ein Konzertbesucher, den der langsame Satz in der Symphonie auch nicht unvorbereitet trifft. Das heißt nicht, dass Sie mit ein wenig Pessimismus solche Krisen einfach wegstecken. Leiden müssen Sie schon, und zwar richtig. Aber es hilft, wenn man sich klarmacht: Alle andern müssen durch diesen Tunnel ebenfalls durch, wenn sie an ihrer Beziehung festhalten wollen. Betrachten Sie diese quälenden Phasen als so etwas wie eine Bewährungsprobe. Stehen Sie die durch, festigt das Ihre Beziehung. So schnell kommen Sie nicht auseinander. Was man natürlich auch wieder als Bedrohung sehen kann. Denn selbstverständlich ist es mit einer einzigen quälenden Phase nicht getan, sondern in einer langjährigen intakten Beziehung muss immer wieder »nachgequält« werden.

Die kleinen Geheimnisse der Partnerqual

Im Fernsehen war kürzlich ein bärtiger Mann zu sehen, der von oben bis unten tätowiert war und als Hamburger »Szenegröße« vorgestellt wurde. Zwar war nicht näher zu erfahren, welcher »Szene« er genau angehörte, doch verkündete der Bärtige, er sei seit zwanzig Jahren mit ein und derselben »tollen Frau« verheiratet und sei ihr jeden Tag dankbar, dass sie ihn genommen habe. Nun weiß ich nicht, wie sich seine Frau über ihn äußern würde, ob sie womöglich selbst als »Szenegröße« mitmischt oder still darunter leidet, dass ihr Mann in dieser Sache unterwegs ist und ab und zu mal Blumen vorbeibringt oder so was. Dennoch kann man als gut gelaunter Pessimist dem tätowierten Mann die Anerkennung nicht versagen. »So müssten wir es auch machen«, rufen wir ihm zu. Einmal täglich auf die Knie sinken und unserem Partner dafür danken, dass er uns genommen hat. Denn verdient haben wir ihn doch eigentlich nicht, wenn er es schon so lange Jahre mit uns aushält.

Probleme: das Salz in der Suppe

Doch wir machen es nicht so, wir langjährigen Paare, ob nun pessimistisch oder nicht. Stattdessen gehen wir uns immer wieder auf die Nerven, beklagen uns, streiten uns, ärgern uns, nehmen keine Rücksicht, und hin und wieder quälen wir uns auch. Warum nur? Nun, dafür gibt es die unterschiedlichsten Gründe. Einer davon lautet: Menschen machen einander gerne das Leben schwer. Das ist nun mal ihre Hauptbeschäftigung. Im Berufsleben, aber auch privat. Unser Gehirn ist dafür gemacht, Probleme zu bearbeiten, sonst läuft es leer, sagt der Hirnforscher Gerald Hüther. Und wenn es gerade keine Probleme gibt, die man anpacken möchte (Probleme als solche gibt es natürlich in Hülle und Fülle), dann muss man solche Probleme eben selber herbeiführen. Unter anderem dafür steht der Partner bereit. Wir machen ihm Probleme, er macht uns Probleme. So nähren wir gegenseitig unsere Gehirne und können getrost auf Sudoku und Brain-Gym verzichten. Wie in jeder guten Symbiose sollten die Probleme aber unterschiedlicher Art sein und sinnvoll ineinandergreifen. Zum Beispiel: Sie möchten sich abends bei einem Fernsehfilm entspannen, was für Ihren Partner ein Problem ist. Weil er jetzt mit Ihnen reden will, was wiederum für Sie ein Problem ist, weil Sie Ihren Film verpassen. Und Sie ohnehin schon auswendig wissen, was der andere Ihnen erzählen will. Weil es jeden Abend exakt das Gleiche ist. Meinen Sie zumindest. Und das ist wiederum ein Problem für den mitteilungsbedürftigen Störer, der geräuschvoll die Tür hinter sich schließt.

Versierte Paare können allerdings ohne jeden Anlass, aus dem Nichts heraus, in einen heftigen Streit geraten. Einer hat gerade Lust dazu. Das genügt. Eine langjährige Beziehung bietet den Vorteil, dass man an vielen Schmerzpunkten einstechen kann, um sofort Krach zu provozieren und immer wieder frisches Öl in die lodernden Flammen nachgießen zu können. Aber auch wenn Ihnen gar nichts einfällt, weil Ihr Partner in Ihren Augen einfach fehlerlos ist, brauchen Sie nicht auf den dringend benötigten Streit zu verzichten. Werfen Sie Ihrem Partner einfach vor, dass er sich in seiner schrecklichen Makellosigkeit über Sie erhebt, dass er Ihnen das Gefühl gibt, klein und niedrig zu sein. Und wenn alles nichts hilft, dann fahren Sie ihn an, dass man sich mit ihm »nicht streiten« kann. »So weit sind wir schon. Wir streiten kaum noch. Ist in dir alle Leidenschaft erloschen?« Geht der andere nicht darauf ein, werfen Sie ihm den tückischen Köder hin: »Es gibt doch bestimmt Dinge, die dich an mir stören …« Schluckt er den Köder und rückt mit Ihren Schwachpunkten heraus, haben Sie ausreichend Munition für die nächsten paar Jahre. Kommt da nichts, bleibt Ihnen nur noch die letzte Patrone: »Dir fällt nichts ein? Hast du so wenig Interesse an mir?«

Natürlich sind nicht alle Paare so. Manche verbergen den zeitweiligen Hass auf ihren Partner lieber in einem zeitaufwendigen Hobby, andere gehen fremd und wieder andere lösen ihre Probleme so, wie es der freundliche Fernsehpsychologe vorschreibt. Jeder saftige Ehekrach verkommt dann zum Täter-Opfer-Ausgleich. Von all dem ist man als Ehepessimist allerdings weit entfernt. Man hat gar nicht die Absicht, sich seine Reibereien austreiben zu lassen. Zumal sie gefolgt werden von beglückenden Phasen, über die man als gut gelaunter Pessimist keine Worte verliert, die man einfach nur genießt. Und denken Sie bitte an die Aussage von Gerald Hüther. Wenn Sie mit Ihrem Partner keine Probleme mehr haben, dann holen Sie sich Ihre Probleme vermutlich woanders.

Änderungswünsche sind meist wirkungslos

»Du musst dich ändern!« ist unter Paaren eine gern erhobene Forderung, wenn man schon eine Weile zusammen ist und unter der bröckelnden Schokoladenschicht allmählich die unangenehmen Eigenschaften und störenden Gewohnheiten zum Vorschein kommen. »Entweder du änderst dich oder …« Oder was? Lässt uns der andere dann im Stich mit unserer zu einem Zehntel abbezahlten Doppelhaushälfte? Oder nimmt er dann seinerseits üble Charakterzüge an – zusätzlich zu den bereits bestehenden? Oder drängt er uns nur deshalb zur Änderung, weil er es sonst nicht vor sich rechtfertigen kann, mit uns zusammen zu sein? Wie auch immer, Forderungen, der Partner möge sich doch ändern, sind ebenso weitverbreitet wie wirkungslos. Natürlich können sich Menschen ändern. Gerade in einer langjährigen Partnerschaft lässt sich das gar nicht vermeiden. Allerdings ändern sie sich nur äußerst selten zu ihrem Vorteil.

Natürlich können sich Menschen ändern. Allerdings nur selten zu ihrem Vorteil.

Denn solange man sich des anderen nicht ganz sicher ist, reißt man sich noch zusammen. Mit solchen heldenhaften Anstrengungen ist allerdings im Verlaufe der Beziehung immer weniger zu rechnen. Eher schon mit Rückfällen. Wir haben es schon im Kapitel über die schlechte Laune angesprochen: Niemand ändert sich »einfach so«. Auch die Bereitschaft, sich zu ändern, reicht im Allgemeinen nicht aus. Was man stattdessen braucht, das ist Leidensdruck, höllischer Leidensdruck. Wobei wir hinzufügen: Es klappt nur, wenn derjenige höllisch leidet, der sich ändern soll, und nicht derjenige, der möchte, dass sich der andere ändert. Auch wenn Sie annehmen, es müsste Ihren Partner doch ungeheuer belasten, wenn er Sie ärgerlich oder traurig macht. Nun, das stimmt schon. Sie brauchen bloß nicht denken, Ihrem Partner fiele es leicht, Ihnen das anzutun. Es kostet ihn immer einige Überwindung.

Stellen Sie also am Beginn einer Beziehung fest, dass Ihr Partner neben seinen unvergleichlichen Vorzügen auch einige Eigenschaften mitbringt, die Sie stören, gehen Sie als gut gelaunter Pessimist besser davon aus, dass er die auch dann noch beibehält, wenn er seine unvergleichlichen Vorzüge längst abgelegt hat.

Umgekehrt dürfen Sie die Wirkung nicht unterschätzen, wenn Ihr Partner Sie auffordert: »Ändere dich!« Und Sie schaffen das auch nicht – wie alle anderen. Das nagt dann schon an einem. Vielleicht sind Sie auch ein wenig enttäuscht von sich selbst. Und doch darf der gut gelaunte Pessimismus, der Sie dazu bringt, Ihre Mitmenschen mit Nachsicht zu betrachten, nicht vor Ihnen selbst haltmachen. Warum sollten ausgerechnet Sie in der Lage sein, einen Schalter umzulegen und Ihre unangenehmen Eigenschaften einfach so auszuknipsen? Nein, Sie sind es Ihren Fehlern schuldig, sie nicht allzu leichtfertig über Bord zu werfen. Zumal das ohnehin nicht klappt. Denn Ihre Schwächen sind Ihre treuesten Begleiter und lassen Sie nur selten im Stich. Das muss Ihr Partner erst noch unter Beweis stellen.

Darüber hinaus können Forderungen, dass sich jemand ändern soll, auch dazu dienen, ihm die nötigen Schuldgefühle einzupflanzen, um ihn unter Druck zu setzen. Jemandem Schuldgefühle zu machen ist nicht nett. Es ist niederträchtig, destruktiv und wird von allen rechtschaffenen Menschen abgelehnt. Kein Wunder also, dass sich diese Methode in vielen langjährigen Beziehungen überaus großer Beliebtheit erfreut.

Die große Frage: Wer ist schuld?

Beziehungen sind nicht nur dazu da, sich gegenseitig Halt zu geben, um gemeinsam das Leben zu meistern. Beziehungen versorgen unser Gehirn nicht nur mit ausreichender und bekömmlicher Problemnahrung. Fortgeschrittene Beziehungen eignen sich auch wunderbar dazu, eine Erklärung zu finden, warum im Leben so viel falschgelaufen ist und noch immer falschläuft. Die Erklärung lautet: Schuld daran ist der Partner. Er und niemand anderer hat verhindert, dass man damals in die andere Stadt gezogen ist, wo man die ganz große Karriere gemacht, interessante Menschen kennengelernt und/oder viel Geld verdient hätte. Er ist schuld, dass man keinen Kontakt mehr zu seinen früheren Freunden, seiner Familie, den netten Kollegen von damals hat. Er hat einen überredet, gezwungen, gedrängt, subtil unter Druck gesetzt – und jetzt hat man Rückenschmerzen, keine Kinder und schlechte Laune.

Fortgeschrittene Beziehungen liefern eine Erklärung, warum im Leben so viel falschgelaufen ist: Der Partner ist schuld.

Ein bisschen einseitig ist diese Sicht der Dinge ja schon. Aber genau das ist ja das Nützliche daran. Man selbst ist fein raus, wenn man einen braven Partner an seiner Seite weiß, der für das Leid und Elend sowie für die ganzen Misslichkeiten des Alltags verantwortlich zeichnet. Schlechtes Wetter? Ihr Partner hat gestern aber behauptet, dass heute die Sonne scheint! Nichts im Fernsehen? Wenn Ihr Partner das Gerät einschaltet, kommt immer nur Mist. Kein Ausgeh-Outfit? Von dem bildschönen Cocktailkleid hatte Ihnen Ihr Partner beim letzten Kleiderkauf ja leider abgeraten. Nach diesem Muster. Zusätzlicher Nutzen: Man kann die Schuldfrage auch dazu verwenden, seinen Partner herumzukommandieren. Nach dem Prinzip: Wenn du schon mein Leben zerstört hast, dann kannst du wenigstens die Flaschen zum Altglas-Container bringen.

Wer hat den Schwarzen Peter?

Es gibt wahre Virtuosen in dieser Disziplin. Egal, was geschieht, es gelingt ihnen immer, den Schwarzen Peter an ihren Partner weiterzureichen. Sogar wenn ihnen selbst einmal ein Fehler unterläuft, was eigentlich nie vorkommt, dann zögern sie keine Sekunde, den wahrhaft Schuldigen zu nennen. Hochzeitstag vergessen? »So weit hast du es schon kommen lassen, dass ich mich nicht einmal mehr an unseren Hochzeitstag erinnere …«

Manchmal hat man den Eindruck, es ist vor allem dieser hilfreiche Entlastungseffekt, der fortgeschrittene Paare auch dann noch zusammenhält, wenn die freundlicheren Gefühle bereits erkaltet sind. Auf den ersten Blick mag das verwundern. Denn die Sache geht ja immer auf Kosten des einen Partners. Der wird ja nicht ent-, sondern kräftig belastet und außerdem noch herumkommandiert. Doch irgendwie scheint er mit dieser Rolle ganz gut zurechtzukommen. Vielleicht schmeichelt sie ihm sogar ein wenig. Nicht dass er glaubt, einer dieser Vorwürfe träfe tatsächlich zu. Aber dass ihm sein Partner zutraut, eine solche Wirkung auszuüben, darin liegt schon wieder eine gewisse Anerkennung. Und es verbindet einen auch. Im Unterschied zu all den Paaren, die nur noch nebeneinander her leben und so viel Einfluss aufeinander nehmen wie zwei Staubkörner in getrennten Galaxien.

Liebe in Zeiten des Pessimismus

Das Kapitel neigt sich dem Ende zu, einige Leser werden langsam ungeduldig. »Wo bleibt das Wesentliche? Wo bleibt die Liebe?«, fragen sie gereizt. Und dann kommt ihr schrecklicher Verdacht: »Bleibt bei diesem ganzen Pessimismus nicht die Liebe auf der Strecke?« Nun, wie so oft in diesem Buch, trifft eher das Gegenteil zu. Der gut gelaunte Pessimismus ist geradezu der ideale

Nährboden für die Liebe. Wachsen muss sie natürlich von alleine. Und verkümmern kann sie natürlich auch, dieses empfindliche Gewächs. Es ist ganz so wie bei den richtigen Pflanzen auf dem Feld. Wenn da mal eine eingeht, so liegt das auch nicht unbedingt am Acker. Zumal wenn die Erde so sorgsam durchgelüftet und regelmäßig gedüngt wird, wie es der gut gelaunte Pessimismus im übertragenen Sinn mit dem Leben tut.

Der gut gelaunte Pessimismus ist der ideale Nährboden für die Liebe. Wachsen muss sie von alleine.

Denn als gut gelaunte Pessimisten arbeiten wir ja nicht auf eine sich selbst erfüllende Prophezeiung hin. In dem Sinne, dass wir damit rechnen, die Beziehung geht schief, und wir sie dadurch zum Scheitern bringen. Ein Pessimist rechnet überhaupt nicht damit, dass seine Beziehung scheitert. Zumal es auch Beziehungen gibt, die im ungünstigsten Fall gerade *nicht* scheitern. Aber uns geht es ohnehin um etwas anderes. Es ist die Lebenshaltung des gut gelaunten Pessimisten, die ihn davor bewahrt, einem Trugbild von Liebe hinterherzulaufen. Liebe als Sinnerfüllung, Liebe als universeller Problemlöser, Liebe als nicht enden wollendes Glück. Ein Pessimist bekommt bei solchen Verheißungen ein flaues Gefühl in der Magengrube. Denn nichts bringt eine Beziehung so sicher zum Scheitern wie überzogene Erwartungen. Es sind ja gerade die »Traumehen«, die nach kurzer Zeit wieder am Ende sind. Pessimisten tappen nicht in diese Falle. Sie halten den Ball flach und bleiben deshalb umso länger im Spiel.

Durch ihre etwas umständlichen Manöver dauert es meist ein wenig länger, bis sie zum Zuge kommen. Dafür neigen sie dann eher zu lang anhaltenden Beziehungen. Einmal, weil sie wissen, wie schwierig es ist, überhaupt eine halbwegs erträgliche Beziehung zustande zu bringen. Dann aber auch, weil ihnen nur allzu klar ist: Eine neue Beziehung bringt nicht weniger Probleme, sondern allenfalls andere. Zusätzlich stabilisierend wirkt es sich aus, dass Pessimisten seltener einen Seitensprung begehen. Nicht weil sie stärker an ihren moralischen Grundsätzen festhalten als andere, sondern weil sie fest davon überzeugt sind, dass sie erwischt würden.

Und schließlich würde ich vermuten, dass eine leicht pessimistische Lebenseinstellung die Partner enger zusammenrücken lässt. Wenn schon alles Mögliche schiefgeht, dann möchte man nicht auch noch seine Beziehung aufs Spiel setzen. Vielmehr kann einen der Partner dabei unterstützen, das Schlimmste abzuwenden. Manche Herausforderungen lassen sich überhaupt nur bestehen, wenn man ihnen Hand in Hand begegnet. Dies gilt zum Beispiel auch für das Thema Urlaub, das uns im nächsten Kapitel beschäftigen wird.

Der gut gelaunte Pessimist fährt in den Urlaub

Bevor Sie in den Urlaub fahren, sollten Sie Ihre Erwartungen herunterfahren. Denn im Urlaub amüsiert man sich nicht, und Urlaubsorte sind generell unerträglich. Das Motto des Pessimisten lautet: Nur ein missratener Urlaub ist ein guter Urlaub.

Mit dem Thema Urlaub hat der gut gelaunte Pessimist zunächst nur indirekt zu tun. Als Betroffener. Als Leidtragender. Zum Beispiel: Sie rufen irgendwo an, weil Sie dringend von jemandem eine Information benötigen oder etwas Wichtiges zu bereden haben. Und erfahren dann: »Sie wollen Frau Gottschlich sprechen? Die ist im Urlaub.« Es ist doch merkwürdig, immer wenn wir jemanden brauchen, befindet er sich im Urlaub. Oder es heißt: »Tut mir leid, ich fahre nächste Woche in den Urlaub. Vorher kann ich mich leider nicht darum kümmern.« Oder Sie bekommen zu hören: »Tut mir leid, ich komme gerade aus dem Urlaub zurück. Ich muss mich erst um die Dinge kümmern, die während meiner Abwesenheit aufgelaufen sind.« Urlaub, Urlaub, Urlaub. Während Sie und ich uns das ganze Jahr über krummlegen und unser Urlaub eigentlich schon vorbei ist, noch ehe er begonnen hat. Doch zunächst wollen wir den pessimistischen Urlaubslehrsatz Nummer eins festhalten: Im Urlaub sind immer die anderen.

Pessimistischer Urlaubslehrsatz Nummer eins: Im Urlaub sind immer die anderen.

Wie bringen diese Leute das nur fertig? Wenn man nachfragt, bekommt man Antworten wie »Brückentage«, »Überstunden abfeiern«, »Resturlaub nicht verfallen lassen« oder: »Wieso? Ich war doch noch gar nicht im Urlaub. Ich fahre doch erst nächste Woche!« Hat uns da jemand in die Irre geführt? Oder bringen wir jetzt etwas durcheinander? Sind wir überarbeitet und brauchen Urlaub? »Außerdem«, versichert Ihnen Frau Gottschlich oder jeder andere, der Ihnen urlaubshalber durch die Lappen gegangen ist, »außerdem hätten Sie sich ja an Frau Nägele wenden können.« Frau Nägele ist die Urlaubsvertretung von Frau Gottschlich. Vielleicht ist Frau Gottschlich aber auch die Urlaubsvertretung von Frau Nägele. Das lässt sich schwer beurteilen. Es ist wie in dieser alten taoistischen Geschichte des Weisheitslehrers Dschuang Dsi, der eines Tages träumte, er sei ein Schmetterling.

Als er aufwachte, war er sich nicht mehr sicher, ob er Dschuang Dsi war, der geträumt hatte, er sei ein Schmetterling. Oder ob er ein Schmetterling war, dem jetzt gerade träumte, er sei Dschuang Dsi. Und so ist es auch mit den Personen, die Sie dringend sprechen müssen, und ihren Urlaubsvertretungen. Ihre Welten haben ähnlich unscharfe Berührungsflächen wie die eines Schmetterlings und eines alten weisen Chinesen.

Urlaubsplanung – die pessimistische Einstimmung

Aber irgendwann hat auch der gut gelaunte Pessimist Urlaub. Man sollte wohl sagen, sein Urlaub wirft seinen Schatten weit voraus. Denn lange bevor der Pessimist verreisen kann (oder sich entscheidet, doch lieber zu Hause zu bleiben), muss er planen. Seinen Urlaub anmelden, ein Reiseziel auswählen, jemanden finden, der während der Abwesenheit Pflanzen gießt, Haustiere versorgt, den Briefkasten leert und am Urlaubsort anruft, um mitzuteilen, dass eingebrochen wurde. Manche halten die Vorbereitungen für den angenehmsten Teil der Reise, weil die Vorfreude viel schöner sei als alles, was danach kommt. Ein Irrtum. Denn Urlaub bedeutet Stress. Und zwar schon bereits in der Planungsphase, in der es darum geht, die entscheidenden Weichen zu stellen. Da sollte man sich eher auf die Unannehmlichkeiten konzentrieren, die einen im Urlaub erwarten: kilometerlange Staus auf den Autobahnen, überfüllte Flughäfen, quengelnde Kinder, Feuerquallen, überteuertes Essen, braunes Wasser im Swimmingpool, Stechmücken, Durchfall in der Fremde, grölende Hotelgäste, schlechte Laune, teuflischer Sonnenbrand, diese Dinge. Eine solche Einstimmung hilft Ihnen, einerseits die nötigen Vorkehrungen zu treffen, andererseits Ihre Erwartungen auf das nötige

Maß abzudämpfen. Nötiges Maß heißt: Sie sollten gerade noch so in den Urlaub fahren wollen (zumal die Alternative – hier zu bleiben – ebenfalls ihre Unannehmlichkeiten zu bieten hat). Auf diese Weise pessimistisch eingestimmt, werden Sie leichter ein geeignetes Reiseziel finden, wobei es durchaus nicht immer das sein muss, das Ihnen in Ihrer Vorstellung am wenigsten Pein bereitet. Als gut gelaunter Pessimist können Sie sich sehr wohl entschließen, den Stier bei den Hörnern zu packen, und sagen: »Jawohl, wir fliegen dieses Jahr nach Spanien an die Costa del Sol. Und Großvater mit seiner Gehhilfe kommt auch mit.«

»Gute Planung ist alles. Aber jeder Plan verliert seine Gültigkeit bei Feindkontakt.« – Alte militärstrategische Regel

Ein grundsätzliches Problem der pessimistischen Urlaubsplanung besteht allerdings darin, dass später ohnehin alles anders kommt. Wobei »anders« im pessimistischen Wortschatz stets die Bedeutung hat von »noch viel schlimmer«. Und doch kann man als gut gelaunter Pessimist auf die Planung nicht verzichten. Denn erstens müssen Sie ja rechtzeitig die nötigen Schritte unternehmen (Urlaub beantragen, Reise buchen, Pass suchen, Impfungen machen lassen und so weiter). Zweitens aber brauchen Sie einen Ausgangspunkt, von dem aus Sie später anfangen zu improvisieren, weil Ihnen die Dinge entgleiten. Ohne diese Vorleistung wären Sie völlig orientierungslos, Sie würden den Pfad gar nicht sehen, von dem Sie abweichen müssen. Folgen Sie dem alten militärstrategischen Grundsatz: »Gute Planung ist alles. Aber jeder Plan verliert seine Gültigkeit bei Feindkontakt.«

Bei den Vorbereitungen begegnet uns auch jedes Jahr eine alte Bekannte, die Reiserücktrittsversicherung. Und jedes Jahr stellen wir uns die Frage: Muss die eigentlich sein? Die greift doch ohnehin nur, wenn wir zu tot sind, um in den Urlaub zu fahren. Und dann haben wir vermutlich andere Sorgen, als unseren Sarg ins

Reisebüro schieben zu lassen, um mit Jenseitsstimme zu fordern: »Geld zurück!« Aber es geht nun mal nicht ohne Reiserücktrittsversicherung. Sie ist der Regenschirm des urlaubenden Pessimisten (→ Seite 12 ff.). Vergisst er sie abzuschließen, tritt automatisch ein Ereignis ein, das ihn zum »Reiserücktritt« nötigt. Dann lieber zahlen und fahren.

Das verlorene Paradies: der Urlaubsort

Offengesagt, gehören Urlaubsorte zu den schlimmsten Orten, die man freiwillig aufsucht. Wobei es manchmal mit der Freiwilligkeit auch nicht so weit her ist. Denn wenn sich die Familie entschließt, den Urlaub, sagen wir, in einem malerischen Fischerdorf an der Adria zu verbringen, dann ist man ja wohl gezwungen mitzukommen. Oder wenn die Lebensgefährtin nach Norwegen will, um endlich ihr Norwegisch an echten Norwegern auszuprobieren, sollte man sie lieber begleiten. Von einer besonders perfiden Methode, Menschen an einen Urlaubsort zu verfrachten, hat mir ein älteres Ehepaar aus dem Badischen berichtet. Den beiden wurde vorgegaukelt, sie hätten eine Busreise in die Türkei gewonnen. Und während sie sich in irgendeiner Ferienanlage vor sich hin langweilten und an diversen Verkaufsveranstaltungen für Teppiche und Textilien teilnahmen, wurde ihnen zu Hause im Badischen die Wohnung von Einbrechern ausgeräumt. Gegen den Einbruch waren die beiden versichert, aber der Schaden, den sie durch diesen ödesten aller Urlaube erlitten haben, ist bis an ihr Lebensende nicht wiedergutzumachen.

Doch auch wenn man freiwillig hinfährt, ist die Lage kaum besser. Urlaubsorte, das sind streng genommen überhaupt keine richtigen Orte. Es sind Unorte, die nur so tun, als wären sie echte Orte, ja, ganz besondere Orte, die man besuchen muss. Das malerische Fischerdorf, von dem gerade die Rede war, ist überhaupt kein malerisches Fischerdorf, sondern die kitschige Touristenversion davon. Es gibt keine malerischen Fischerdörfer mehr, zumindest nicht, sobald dort Urlauber abgeladen werden. An einem Urlaubsort ist man umgeben von Wohlfühl-Kulissen, hinter denen sich das blanke Nichts verbirgt. Hier weht der gleiche Geist, den wir von zu Hause aus unseren »Einkaufsparadiesen« und von den darin stattfindenden »Erlebniseinkäufen« her kennen (→ Seite 86 ff.: »Der gut gelaunte Pessimist kauft ein«). Auf eine knappe Formel gebracht, lautet der pessimistische Lehrsatz über Urlaubsorte: Je mehr Urlaub, desto schlimmer der Ort.

Pessimistischer Urlaubslehrsatz Nummer zwei: Je mehr Urlaub, desto schlimmer der Ort.

Aber das braucht einen gut gelaunten Pessimisten noch lange nicht davon abzuhalten, genau dorthin zu fahren. Man kann nämlich auch inmitten dieses ganzen verlogenen Urlaubstrubels seinen Spaß haben. Als gut gelaunter Pessimist tut man das mit einer bestimmten Haltung, die Sie in diesem Buch schon kennengelernt haben. Entspannt, distanziert, belustigt, und zwar genau an jenem Punkt, an dem der zunehmende Ekel vor dieser abgeschmackten Veranstaltung ins reine Vergnügen umschlägt. Dazu braucht man allerdings Gleichgesinnte. Alleine überschnappen macht keinen Spaß. Natürlich müssen Sie sich das nicht antun, können im Urlaub echte Urlaubsorte meiden und sich mit all den andern Individualreisenden »abseits der ausgetretenen Touristenpfade«, wie es in den Prospekten heißt, auf die Füße treten. Nur sollten Sie nicht die Erwartung haben, dass Ihr Urlaub schon deshalb gelingt, weil Sie einen großen Bogen um die deprimierenden Ferienparadiese und Wohlfühl-Oasen schlagen. Als gut gelaunter Pessimist wissen Sie ja: An jedem Ort der Welt kann es schaurig sein. Und am schaurigsten ist es, wenn man dort seinen Urlaub verbringen muss.

Warum das Urlaubswetter immer schlecht ist

Allerdings kann einem auch das Wetter einen Strich durch die Rechnung machen. Wobei Sie als gut gelaunter Pessimist das Wörtchen »kann« getrost durch das Wörtchen »wird« ersetzen dürfen. Es heißt zwar immer, dass es kein »schlechtes Wetter« gebe, sondern nur »schlechte Kleidung«. Die Erfahrung lehrt aber etwas anderes, nämlich dass es sowohl »schlechtes Wetter« als auch »schlechte Kleidung« gibt, im Urlaub sogar beides auf einmal. Unter »schlechtem Wetter« verstehen viele, dass es regnet und kalt ist. So dass man nicht rausgehen kann, sondern die schöne Ferienzeit im engen Hotelzimmer, in einem gastronomischen Betrieb oder im durchnässten Zelt vertrödeln muss.

Doch »schlechtes Wetter« kann auch ganz anders aussehen: gleißende Sonne, sengende Hitze, lebensfeindliche Trockenheit. Dann wird das auch nichts mit Spazierengehen, weil die Strahlung unseres Zentralgestirns einem sofort Haut und Hirn wegbrennt. Und wer sich da noch zum Abbräunen an den Strand legt, dem ist nicht mehr zu helfen. Nein, dann muss man in geschlossenen Räumen bleiben, über den Sinn des Lebens nachdenken und eine zwölfstündige »Siesta« halten. Ehe man sich unter dem schwarzen Himmeltuch wieder nach draußen traut und sich von den durstigen Moskitos einige Messbecher Blut abnehmen lässt.

Im Winterurlaub verschieben sich die Anforderungen an das schlechte Wetter: Jetzt zählt, dass nicht ausreichend Schnee liegt – oder zu viel, dann herrscht nämlich Lawinengefahr. Und dreimal dürfen Sie raten, wen so eine Lawine als Erstes unter sich begräbt. Nun treten solche Wetterlagen in den sogenannten »schneesicheren« und daher hochpreisigen und hoffnungslos überlaufenen Skigebieten nur ganz selten auf. Nämlich ausschließlich dann, wenn Sie sich gerade eine nagelneue Skiausrüstung zugelegt und für Ihre Kinder einen Skikurs gebucht haben. »Das ist der Klimawandel«, heißt es dann. Dabei ahnen Sie, dass da noch eine andere Ursache ihre schmutzigen Finger mit im Spiel hatte.

Diese Ursache ist Kennern als »Gore-Effekt« bekannt. Benannt nach dem ehemaligen US-Vizepräsidenten und Klimaschützer Al Gore, der seit Jahren durch die Welt reist, um vor der globalen Erwärmung zu warnen. Doch überall, wo er auftaucht, stürzen die Temperaturen in den Keller. Als Gore Anfang 2004 in New York eine Rede hielt, wurde dort ein neuer Kälterekord gemessen. Im selben Jahr trat er in Boston auf, es wurde der kälteste Tag seit mehr als vierzig Jahren. Zwei Jahre später warb Gore im australischen Brisbane für den Klimaschutz und löste dort Schneeschauer aus – im Frühsommer. Zuletzt ließ er sich auf einer Konferenz gegen die globale Erwärmung in Peru sehen. Es erfolgte ein dramatischer Kälteeinbruch, mehrere Menschen erfroren – im Mai.

»Der Optimismus ist unser Untergang.« – Al Gore, Klimaschützer

Als Pessimisten ist uns der »Gore-Effekt« wohlvertraut. Sobald wir uns irgendwo hinbegeben, schlägt das Wetter um, Regenfronten setzen sich fest, Blitzeis begleitet unsere Autofahrten, und wenn wir segeln möchten, herrscht mit einem Mal Windstille. Dass es übrigens Al Gore getroffen hat, ist gewiss kein Zufall. In einem Zeitungsinterview äußerte er kürzlich einen Satz, den jeder gut gelaunte Pessimist sofort unterschreiben würde: »Der Optimismus ist unser Untergang.« Der Mann weiß, wovon er spricht.

Wie man die kostbarsten Wochen des Jahres herumbringt

Das eigentlich Schlimme am Urlaub haben wir aber noch gar nicht erwähnt: Er soll etwas ganz Besonderes sein, die schönste Zeit des

Jahres. Nicht wenige Menschen behaupten von sich, sie »lebten nur noch auf ihren Urlaub hin«. Ihnen macht die Arbeit keinen Spaß, der Alltag ist eine Qual, Erfüllung gibt es nur noch, wenn man sich von all dem verabschiedet, sich »ausklinkt« und ganz weit weg reist, in den Urlaub. Die Kehrseite dieser weitverbreiteten Einstellung lautet: Wenn Sie den Urlaub auch noch vergeigen, dann haben Sie alles vergeigt. Und nichts bringt Sie zuverlässiger um Ihr Vergnügen, als wenn Sie sich ganz fest vornehmen: Jetzt muss ich mich aber ganz besonders amüsieren.

Noch aufgeladener wird die ganze Angelegenheit, wenn Sie mit Ihrem Partner verreisen und es endlich wieder zwischen Ihnen »funken« soll, weil Sie sich im Alltag nur auf die Nerven gehen oder keine Zeit füreinander haben. Dann muss das im Urlaub wieder ausgebügelt werden, mit Romantik, großen Gefühlen oder tiefem Einvernehmen. Solche Ausgleichserlebnisse müssen her. Geraten Sie hingegen in Streit oder langweilen sich, was im Urlaub ja kaum zu vermeiden ist, steht die ganze Beziehung auf dem Spiel. Kein Wunder, dass viele, die gemeinsam Urlaub machen, unter beträchtlichen Druck geraten und sich insgeheim schon wieder auf ihre Arbeit freuen. Noch bevor sie losgefahren sind. Darin unterscheiden sie sich übrigens von den meisten anderen Reisenden, die sich Umfragen zufolge erst *während* des Urlaubs wieder auf ihre Arbeit freuen. Oder *kurz danach,* weil der Urlaub ohnehin zu kurz war, um sich auf irgendetwas zu freuen.

Dass dem Urlaub so viel Bedeutung zugemessen wird, ist daher der Kern des Problems. Doch was soll man machen? Man kann ja auch schlecht darüber hinwegsehen, wenn Sie sich mit Ihrem Partner zu Hause langweilen und im Urlaub streiten. Oder umgekehrt. Oder beides zugleich. Erfahrene Paare greifen daher zu einem kleinen Trick und verreisen grundsätzlich nur mit Freunden, die aber auch nicht zu enge Freunde sein sollten. Denn das Risiko, dass man sich nach einem gemeinsamen Urlaub aus dem

Wege geht, ist schon beträchtlich. Dabei hat die Anwesenheit von Freunden oder sagen wir gleich: von befreundeten Paaren, womöglich mit Kindern, für Paare eine Menge Vorteile: Nun geht einem nicht mehr der Partner auf die Nerven, sondern die Freunde mit ihrem verzogenen Nachwuchs und dem sabbernden Riesenköter, der überall hinkackt. Langeweile gibt es nicht mehr, weil man viel zu sehr damit beschäftigt ist, gemeinsam über die Freunde herzuziehen.

Pessimistischer Urlaubslehrsatz Nummer drei: Nur ein schlimmer Urlaub ist ein guter Urlaub.

Und wie gut tut es einer angekränkelten Beziehung, wenn man mit seinem Partner Pläne ausheckt, wie man es vermeiden kann, mit den anstrengenden Freunden zusammen etwas zu unternehmen. Da wird Interesse an alten Kathedralen oder keltischen Hügelgräbern vorgespielt, die Essenszeiten werden vorgezogen oder nach hinten verlegt – nur um nicht ständig diese aufdringliche Horrorfamilie an sich kleben zu haben. Der eigene Partner wird zum Verbündeten, die wenigen Stunden, die man sich absetzen kann, erscheinen so unendlich kostbar. Und dann das heilsame Entsetzen, wenn man sich, sagen wir: in eine abgelegene Trattoria flüchtet und dort auf die Freunde trifft, deren Köter einem kläffend entgegenspringt. Das sind Momente, die Ehen retten können, weil uns schlagartig klar wird, wo wir hingehören. Von solchen Lektionen werden Sie noch jahrelang zehren. Denn insbesondere für Paare gilt der pessimistische Urlaubslehrsatz Nummer drei: Nur ein schlimmer Urlaub ist ein guter Urlaub.

Je schlimmer der Urlaub, desto besser die Geschichten

Dass im Urlaub alles Mögliche schiefläuft, ist gar nicht so schlimm. Wenn man sich einmal an den Gedanken gewöhnt hat, steht man die schönste Zeit des Jahres fast ohne Probleme durch. Bei Regen haben Sie endlich mal Zeit für das örtliche Heimatmuseum oder für einsame Strandspaziergänge. Sie bekommen Dinge zu sehen, die den normalen Urlaubern, die sich einfach nur ihren alljährlichen Sonnenbrand abholen, verborgen bleiben. Das Essen in schäbigen Restaurants, das flegelhafte Benehmen mancher Hotelgäste, die Armseligkeit der einen oder anderen Touristenattraktion, man braucht einen gewissen Sinn dafür, um sich an solchen kleinen Abweichungen nach unten zu erfreuen. Und zwar wirklich zu erfreuen. Denn die Haltung des gut gelaunten Pessimisten ist alles andere als zynisch. Vielmehr sind es die kleinen Unglücke, die Verfehlungen und Geschmacklosigkeiten, die unser Leben prägen und die es eben auch mit einem gewissen Wohlwollen zu würdigen gilt. Hinter all den Missgeschicken und Mogeleien stecken Geschichten und Schicksale, die viel interessanter sind als all die perfekten Urlaubserlebnisse, die immer auch ein wenig halb zurechtgelogen sind. Ganz gewiss muss man es nicht darauf anlegen, kleine Katastrophen zu erleben. Aber wenn sie denn kommen, dann sollten wir nun wirklich das Beste daraus machen. Sie kehren mit einem Sack neuer Erfahrungen und kurioser Geschichten nach Hause zurück. Und wenn alles richtig schlimm kommt, dann können Sie sich daheim von Ihren Freunden aufrichtig bedauern lassen, die sich wieder einmal nur mit einem öden »Traumurlaub« zufriedengeben mussten. »Es war phantastisch«, beginnt deren Urlaubserzählung. »Es war die Hölle«, berichten Sie von Ihrem Urlaub. Und nun raten Sie mal, wem Ihre Freunde und Bekannten lieber zuhören. Vergessen Sie aber am Ende nicht, zu sagen: »Nächstes Jahr fahren wir da wieder hin.«

Der gut gelaunte Pessimist wird krank

Krank zu werden ist unvermeidlich. Hat aber auch Vorteile: Endlich Zeit für Selbstmitleid und Schonung. Vom Wunder der Genesung und warum Ärzte nicht pessimistisch sein dürfen, es aber doch sind.

In einer Welt voller Krankheitserreger kann es einfach nicht ausbleiben: Auch und gerade gut gelaunte Pessimisten werden krank. Das ist schon in Ordnung und überhaupt eine willkommene Gelegenheit, ein wenig herauszutreten aus dem gewohnten Leben, sich zu schonen und auch mal ein wenig Selbstmitleid auf die Seele zu cremen. Oh ja, auch das muss manchmal sein. Selbstmitleid steht zwar wie der Pessimismus in einem ziemlich schlechten Ruf. Doch völlig zu Unrecht, denn in feiner Dosierung ist es ein Helfer in der Not; es kann Leiden lindern und die Sache für den Kranken überhaupt erst angenehm machen. Wie bei der schlechten Laune (→ Seite 113) gilt auch hier der Grundsatz des Paracelsus: Die Dosis macht die Medizin. Zu viel Selbstmitleid ist Gift, aber ein bisschen Bedauern über das eigene Kranksein ist eine Wohltat. Vor allem wenn sich die anderen mit ihrem Mitleid stark zurückhalten und einen dadurch um einen bedeutenden Vorteil bringen, den so eine Krankheit hat: Die Mitmenschen nehmen teil, bedauern einen und erweisen einem manche Gefälligkeit, auf die man im Vollbesitz seiner Kräfte leider verzichten muss.

»Wir sollten nicht vergessen, wie viel wir unseren Krankheiten zu verdanken haben.« – Ernst Penzoldt

Und doch wird es uns Pessimisten nicht leichtgemacht mit dem Kranksein. Irgendwie scheint man es uns fast ein wenig zu missgönnen, wenn wir krank werden. Oder schlimmer noch: Man gönnt es uns nur allzu sehr. Denn werden Pessimisten krank, dann heißt es gleich: »Selber schuld, das ist psychosomatisch.« Ganz gleich, ob wir einen Schnupfen bekommen, Bauchweh, Scharlach oder eine Niereninfektion. Alles psychosomatisch. »Du denkst immer so negativ, also treffen dich auch eher diese negativen Krankheitserreger.« So in der Art, der übliche Bockmist eben.

Werden hingegen Optimisten krank, sind die Leute beeindruckt. »Toll«, heißt es dann, »diese Optimisten lassen sich einfach nicht unterkriegen.« Dabei sind wir es, die gut gelaunten

Pessimisten, die sich nicht unterkriegen lassen. Trotz der bedrohlichen Krankheiten, die uns von Zeit zu Zeit heimsuchen und die sich doch gottlob meist als harmlos erweisen, weil wir uns so liebevoll um sie kümmern und sie nicht einfach wegstoßen, so dass sie Grund hätten, bösartig zu werden.

Krankheiten muss man ernst nehmen, so viel ist sicher. Wer sie unterschätzt, verharmlost, ja ignoriert, der lebt keineswegs gesünder, sondern er verschlimmert seinen Zustand. Ärzte und Apotheker klagen ja nicht ohne Grund über Patienten, die ihre Beschwerden viel zu leicht nehmen, die ihre Medikamente weglassen, sobald sich ihr Befinden ein wenig bessert, und die einfach weghören, sobald sich ihr Körper meldet, um ihnen mitzuteilen: Du bist krank. Auch harmlose Krankheiten können bleibende Schäden anrichten, wenn man über sie hinweggeht und sie verschleppt. Dennoch hält sich hartnäckig die Legende, es wäre möglich, Krankheiten dadurch zu besiegen, dass man sie durch die magische Kraft der Gedanken »wegdenkt«. Es ist die übliche Illusion, die auch in anderen Bereichen so viel Unheil anrichtet: Man meint, man könnte die Übel dieser Welt abschaffen, indem man sie einfach nicht zur Kenntnis nimmt.

Endlich das Bett hüten

Einem gut gelaunten Pessimisten unterlaufen solche Irrtümer nicht. Wird er krank, legt er sich ins Bett, beunruhigt sich hinreichend und wird wieder gesund. Das ist die einfachste Variante. Mir ihr kommt man schon erstaunlich weit. Das Geheimnis besteht darin, auch einer kleinen Krankheit den nötigen Respekt zu erweisen. Es ist doch das Mindeste, was sie von uns erwarten kann: dass wir zu Hause bleiben, uns bei der Arbeit krank melden und das Bett hüten. Vielleicht noch das eine oder andere Medikament einnehmen, Kräutertee trinken, medizinische Bäder nehmen, solche Sachen. Dann tobt sich die Krankheit ein wenig aus, plagt uns mit Fieber, Übelkeit und anderen Unannehmlichkeiten. Und zieht sich schließlich wieder zurück.

Das war es auch schon. Zum Ausgleich beschert uns eine Krankheit das eine oder andere Geschenk. Das müssen wir nur auspacken, um uns daran zu erfreuen. Als Erstes wäre da die Bettruhe zu nennen. Wann haben Sie als berufstätiger Mensch sonst die Möglichkeit, ganz für sich zu sein und nichts zu tun? Allenfalls im Urlaub. Aber der hat, wie wir im vorangegangenen Kapitel gesehen haben, seine eigenen Zwänge und Unannehmlichkeiten. Man fühlt sich geradezu verpflichtet, »etwas zu erleben«, ein Gegengewicht zu schaffen, das einem dabei hilft, den öden Arbeitsalltag durchzustehen. Passiert im Urlaub gar nichts, kann man trübsinnig werden. Eine nette kleine Krankheit lässt Sie in dieser Hinsicht völlig unbehelligt. Sie können alle viere von sich strecken, schlafen, wann Sie wollen, lesen, wann Sie wollen, Ihre Lieblingsmusik hören, es sich so angenehm wie möglich machen. Und keiner wird es Ihnen übelnehmen und Sie für faul halten. Stattdessen zeigen sich Ihre Mitmenschen tendenziell von ihrer angenehmen Seite: Sie nehmen Rücksicht, gehen für Sie einkaufen und behelligen Sie nicht mehr mit ihren langatmigen Geschichten. Und wenn sie es doch tun, dann wissen Sie immerhin: Diese Menschen haben keine angenehmen Seiten.

Natürlich sind Sie geschwächt und eingeschränkt in allem, was Sie tun können. Aber auch das hat manche Vorteile. Sie können Ihren Gedanken nachhängen, stundenlang, so wie Sie es sonst niemals können. Sie können in sich hineinfühlen. Es gibt keine Ablenkung, Sie sind ganz allein mit sich und Ihren rasenden Fieberträumen. Während einer Krankheit entwickeln wir manchmal eine Nähe zu uns selbst, die wir in unserem Alltag nicht kennen.

Und dann gibt es da noch die Ideen, die einem so kommen, wenn man krank im Bett liegt und nichts zu tun hat. Wirre Ideen, abstruses Zeug, doch mitunter auch richtige Geistesblitze. Die kommen uns nur dann, wenn wir uns einfach treiben lassen können. Und das sollten wir Kranken auch ausgiebig tun.

Beim Arzt

Hin und wieder ist der gut gelaunte Pessimist gezwungen, einen Arzt aufzusuchen. Entweder weil er krank ist oder weil er gesund ist, aber nicht krank werden möchte. Das nennt sich dann Vorsorgeuntersuchung. Dabei überprüft der Arzt, ob man nicht schon krank ist, ohne es zu merken. Und wenn das so ist, dann kann man die Krankheit schon mal behandeln, bevor sie überhaupt ausgebrochen ist, »präventiv«, wie es heißt. Das hört sich für einen Pessimisten schon ziemlich verlockend an. Wenn man sich schon diese schrecklichen Krankheiten zuzieht, dann soll der Arzt ruhig schon mal mit der Behandlung anfangen, solange wir noch gesund und munter sind. Leider sind wir dann nicht mehr gesund und munter, sobald wir die Diagnose haben. Sondern wir liegen vielleicht mit einem Bein und einer Hirnhälfte bereits im Grab. Denn dann ist es ja ernst.

Und überhaupt will man als Pessimist ja gar nicht hören, dass man krank ist und sich schon mal um einen Operationstermin bemühen sollte. Sondern man möchte hören: »Herr Nöllke, bei Ihnen ist alles in bester Ordnung. Trinken Sie weiterhin Ihr Gläschen Rotwein am Abend, und Sie werden hundert Jahre alt.« Leider bekommt man solche Sätze bei einer Vorsorgeuntersuchung nie zu hören, egal, wie viele Gläschen Rotwein man am Abend zu sich nimmt. Stattdessen heißt es im günstigsten Fall: »Derzeit« gebe es »keine Anzeichen« für eine Erkrankung. Was sich für einen Pessimisten so anhört, als hätte sich die Krankheit in einen versteckten Winkel des Körpers zurückgezogen, um nach dem Ausknipsen der Diagnosegeräte hervorzutreten und einen zerstörerischen Freudentanz durch die inneren Organe aufzuführen. Und hat man die eine Vorsorgeuntersuchung glücklich überstanden, so zaubert der Arzt noch zwei weitere aus dem Ärmel. Nicht zu vergessen die Vorsorgeuntersuchungen beim Augenarzt, beim Zahnarzt, beim Hautarzt (»Haben Sie Ihre Leberflecke in diesem Jahr schon ableuchten lassen?«) und natürlich beim Frauenarzt. Würde man diese ganzen Vorsorgeuntersuchungen tatsächlich in Anspruch nehmen, man hätte gar keine Zeit mehr zum Kranksein.

Man möchte vom Arzt zwar hören, dass alles gut wird. Aber glauben würde man ihm nicht.

Und letztlich braucht man den Arzt ja doch vor allem dann, wenn man krank ist. Der Arzt soll sich die Sache ansehen und sagen: »Alles halb so schlimm, Herr Nöllke. Ich schreibe Ihnen mal etwas auf. Das holen Sie aus der Apotheke, und in einer Woche sieht die Welt schon ganz anders aus. Im Übrigen trinken Sie ruhig weiterhin Ihr Gläschen Rotwein am Abend, und Sie werden hundert Jahre alt.« So etwas sagt einem der Arzt leider ebenfalls nicht. Man würde ihm ja ohnehin nicht glauben, als gut gelaunter Pessimist. Denn man möchte ja seine Bedenken einstreuen: »In einer Woche soll das wieder weg sein? Niemals, daran werde ich mindestens zwei Wochen zu tragen haben.« Wie man es eben so gewohnt ist als Pessimist.

Doch viele Ärzte tun einem diesen Gefallen ja nicht mehr. Sie sind vorsichtig geworden. Nachher verklagt sie noch irgendein Patient, weil er nicht exakt nach einer Woche tipptopp wieder im Ring stehen kann, so wie es der Onkel Doktor versprochen hat. »Ich habe mich auf Ihre Diagnose verlassen!«, tönen sie. »Wir sehen uns vor Gericht!« Solche Leute gibt es. Überraschend nur, dass sich die Ärzte vor ihnen so sehr in Acht nehmen. Vielleicht liegt es ja daran, dass es unter den Ärzten überdurchschnittlich viele Pessimisten gibt. Und so sagen sie lieber gar nichts als ein positives Wort zu viel, für das sie dann geradestehen müssten, wenn wieder wie üblich alles den Bach runtergeht.

Hören Sie nicht auf Ihren Arzt

Doch was macht man nun als pessimistischer Patient? Der Arzt lässt einen hängen und gibt nicht einmal bei der Blutabnahme eine günstige Überlebensprognose. Könnte ja sein, dass ein Erdbeben einsetzt, die Schwester danebenpiekt, versehentlich eine Hauptschlagader trifft und der Patient verblutet. Als Arzt kann man für nichts mehr garantieren. Daher ist man als Pessimist zutiefst verunsichert. Was hat das zu bedeuten? Das sichere Todesurteil? Der Arzt müsste uns doch eigentlich Mut machen, weil das unsere Heilungschancen verbessert, wie jeder weiß. Es kann doch nicht sein, dass der Arzt noch pessimistischer ist als man selbst. Als pessimistischer Patient muss man seinen Arzt doch eigentlich überbieten. Aber wenn das gar nicht geht? Schlimme Zeiten für uns Pessimisten. Die Ärzte, die uns gesund machen sollen, nehmen uns unsere bewährte Medizin weg. Also hilft es nichts. Es kostet uns zwar sehr viel Überwindung, aber schließlich sagen wir uns: Es wird schon nicht so schlimm kommen, wie diese Ärzte immer tun!

Die Genesung – Licht am Ende des Tunnels

Auch für einen Pessimisten ist die Genesung der angenehme Teil der Krankheit. Man spürt, wie allmählich die Kräfte in den Körper zurückkehren. Man sieht schon Licht am Ende des Tunnels und freut sich bereits darauf, wieder ins Freie zu kommen, ehe man wieder in den nächsten lichtlosen Schacht einfährt. Im

Verlaufe des Lebens werden die Tunnel der Krankheiten immer länger und die hellen Augenblicke im Freien immer kürzer. Außerdem wird es zunehmend schwierig zu beurteilen, ob man sich überhaupt in einem Tunnel befindet oder ob das nicht die letzten halbwegs lichten Abschnitte im Leben sind, die einem noch bleiben.

Doch auch wenn die Genesung noch so dürftig ausfällt, sie verschafft einem diese unvergleichlichen Glücksmomente. Wir haben das Gefühl, das Schlimmste ist überstanden, das Gute zeichnet sich ab, doch ist es noch nicht bei uns angekommen. Noch sind wir schwach und wackelig auf den Beinen, noch müssen wir uns schonen. Das ist ja das Beglückende. Wir können die Vorzüge des Krankseins genießen, ohne es noch richtig zu sein. Wir fühlen uns von Tag zu Tag stärker. Dabei wirken hier die Kräfte des Kontrasts: Je weiter wir unten waren, desto gigantischer erscheinen uns die Gipfel des Glücks, die wir vorher Normalität nannten. Ein Glas frisches Wasser zu trinken und ein belegtes Brot zu essen, alleine auf die Toilette gehen zu können, das Zimmer zu verlassen, sich ins Freie zu tasten, ich eine Zeitung zu kaufen, sich auf eine Parkbank zu setzen, was für ein Genuss darin liegen kann, spüren wir nur, wenn wir aus dem Tal der Leiden kommen. Es dauert nicht lange, dann haben sich die Koordinaten unseres täglichen Lebens wieder verschoben. Da kann man sich noch so fest vornehmen, die kleinen Dinge wieder wertzuschätzen. Wenn wir nicht gleich wieder einen Rückfall erleiden, klettern wir die Leiter der Gesundung höher und höher, fühlen uns immer besser, bis wir eines Tages einen Zustand beklagen, der uns zuvor als unerreichbarer Gipfel des Glücks erschien. Dann wissen wir: Wir sind gesund. Das Unglück kann beginnen.

»Die Krankheit unterstützt den Menschen im großen Versuch, sich vor der Tatsache zu drücken, dass er sicher sterben wird.« – Albert Camus

Der gut gelaunte Pessimist auf der Party

Zum Feiern gibt es ja meist keinen Grund. Viele tun es trotzdem, und noch mehr kommen als Gäste. Da kann allerhand schiefgehen. Pessimistische Vorbereitung ist daher alles – für den Gast und mehr noch für den Gastgeber.

Es ist eine etwas heikle Angelegenheit, den gut gelaunten Pessimisten auf eine Party zu begleiten. Zwar sind dort gut gelaunte Menschen im Allgemeinen willkommen, aber Partys können sich auch zu sehr unangenehmen Veranstaltungen entwickeln, die einem die gute Stimmung verderben. Man geht beschwingt auf eine Party und kehrt deprimiert heim. Die hohe Kunst des Partypessimismus besteht darin, es genau umgekehrt zu halten. Denn es gilt die alte Regel des Kontrasts: Wer wirklich Spaß haben will, der darf auf die Party möglichst wenig Lust haben. Mit einem gelungenen Abend können Sie vor allem dann rechnen, wenn Sie eigentlich zu Haus bleiben wollten.

Sich in schlechte Stimmung zu bringen ist manchmal gar nicht so einfach. Immerhin wird man ja eher von Leuten eingeladen, die man mag und die sich Mühe geben, ihren Gästen einen schönen Abend zu bereiten. Vielleicht treffen wir Freunde oder alte Bekannte, die wir lange nicht gesehen haben. Vielleicht lernen wir neue sympathische Leute kennen, die wir dann zu uns einladen oder mit denen wir etwas unternehmen. Vielleicht bekommen wir Anregungen oder können unsere Ansichten zu einem Thema loswerden, das sonst niemanden interessiert. Das könnte doch sein, oder? Und schon sitzen wir drin in der Erwartungsfalle. Und dann sind wir enttäuscht, weil die Gastgeber gar keine Zeit für uns haben, die alten Freunde nur die alten Geschichten erzählen oder wir überhaupt mit niemandem so richtig ins Gespräch kommen.

So stimmen Sie sich richtig ein

Wenn Sie etwas von der Party haben möchten, sollten Sie sich spätestens ein, zwei Stunden, bevor Sie aufbrechen, pessimistisch in Stimmung bringen. Und das heißt – wie üblich: Erwartungen runter! Damit Sie jedoch nicht allzu mürrisch auf der Party erscheinen, trösten Sie sich beim Weggehen mit dem Gedanken, dass Sie ja schon bald wieder hier sein werden, in Ihren eigenen vier Wänden, endlich zu Hause. Eine Party dauert keine Ewigkeit, sondern ist nach ein paar Stunden Herumstehen – Bier oder Wein suchen, am kalten Buffet anstehen, nach Bekannten Ausschau halten, im Salat herumstochern, vergeblich ein Gespräch in Gang setzen, Ansichten anhören und zustimmend abnicken, nachschauen, was es zum Nachtisch gibt, ein weiteres Glas Wein oder eine Flasche Bier holen, den Gastgeber loben und den Rückzug vorbereiten – auch schon wieder vorbei! Und dann dürfen Sie sich in Ihr gemütliches Bett legen und einfach schlafen – himmlisch!

»Sehr schlimm: eingeladen sein, wenn zu Hause die Räume stiller, der Kaffee besser und keine Unterhaltung nötig ist.« – Gottfried Benn

Auf diese Weise retten Sie als Pessimist Ihre gute Laune, ohne Ihre Erwartungen hochzufahren. Und darum geht es: entspannt bleiben und jeden Augenblick genießen, den Sie nicht in dumpfer Langeweile zubringen müssen. Denn Partys können wirklich quälend sein. Nicht genug damit, dass Sie es höchstwahrscheinlich mit Wichtigtuern und Langweilern zu tun bekommen. Womöglich machen Sie auch noch die unangenehme Erfahrung, dass es mit Ihren eigenen Entertainer-Qualitäten nicht zum Besten steht. Ihr Gesprächspartner hört Ihnen nicht zu, bemüht sich, von Ihnen loszukommen, oder entdeckt in weiter Entfernung einen unsichtbaren Bekannten, den er unbedingt begrüßen muss – noch ehe Sie Ihren Satz vollendet haben.

Es ist demütigend: Niemand interessiert sich für Sie und Ihre verwegenen Hobbys (oder was Sie auch immer zum Gegenstand des Partytalks machen wollten) – während sich alle anderen köstlich amüsieren und in fröhlicher Runde lachen, ein Lachen, das allmählich abebbt, wenn Sie dazutreten und fragen: »Na? Was gibt es denn so Amüsantes?«

So, jetzt befinden Sie sich langsam auf der richtigen Betriebstemperatur. Ihre Erwartungen liegen knapp über dem Gefrierpunkt. Zeit, die Schuhe anzuziehen, noch einmal den Sitz Ihrer Kleidung zu kontrollieren und die Schlüssel zusammenzusuchen. Vergessen Sie Ihre Taschentücher nicht und nicht Ihr Handy. Man weiß ja nie, ob sich in der Zwischenzeit nicht etwas Schlimmes ereignet. Und als Pessimist können Sie es sich einfach nicht erlauben, erst nach der Party davon zu erfahren. Und jetzt: rein ins Vergnügen! Sie haben nichts zu verlieren als Ihre Befürchtung, einen furchtbaren Abend verleben zu müssen.

Meiden Sie faszinierende Persönlichkeiten

Einen Hinweis muss ich Ihnen allerdings noch mit auf den Weg geben. Nur für alle Fälle. Manche Gastgeber versuchen ja ihre Partys dadurch aufzuwerten, dass sie wichtige oder interessante Gäste einladen. Also Leute, die mit uns eigentlich nicht viel gemeinsam haben, bunte Tupfer, die für anregende Gespräche sorgen sollen. Künstler, Musiker, Schauspieler, Medienmenschen, überhaupt Leute, die ein wenig aus dem Rahmen fallen, zum Beispiel, weil sie mal im Fernsehen waren oder das Kinderbuch »Blöblö, das blaue Okapi« geschrieben haben. Meist geht so etwas schief. Denn erstens haben die faszinierenden Persönlichkeiten selten Lust, sich mit uns abzugeben. Und zweitens: Wenn sie sich doch mit uns abgeben, dann können Sie mit allem rechnen, nur nicht mit einem anregenden Gespräch.

Wer einen interessanten Beruf hat, erzählt gar nichts darüber oder quatscht einem das Ohr ab.

Aber sogar Leute mit spannenden Berufen sind gefährlich, weil sie entweder gar nichts darüber sagen möchten oder einem das Ohr abquatschen, was immerhin den Vorteil hat, dass man den betreffenden Beruf nun nicht mehr für ganz so spannend hält. »Genau das ist es ja!«, kommentierte mein Pessimistenfreund Fabian G. »Jemand, der wirklich einen interessanten Beruf hat, hat anderes zu tun, als ausgerechnet dir auf einer Party das Ohr abzuquatschen.« Ich bin mir da aber nicht ganz so sicher.

Daher muss ich Ihnen von einer Begegnung erzählen, die nun schon einige Jahre zurückliegt. Und die sich auch gar nicht auf einer Party zugetragen hat. Vielmehr handelte es sich um einen Pressetermin. In gemütlicher Runde zwar, mit Bier vom Fass und Rauchwaren (damals waren es die Nichtraucher, die vor die Tür gehen mussten – um ein paar Atemzüge frische Luft zu schnappen), aber doch auch geschäftlich. Anlass war die Anwesenheit eines Weltumseglers, der über seine Reise ein Buch geschrieben hatte, und ich sollte über die ganze Sache einen Artikel schreiben. Ein Weltumsegler! Wann haben Sie das letzte Mal mit einem Weltumsegler gesprochen? Ein Abenteurer, ein Teufelskerl, der den Kahn, soweit ich mich erinnere, sogar noch mit eigenen Händen gebaut hat! Wenn ich nicht absolut sicher wäre, dass ein Boot, an das ich Hand angelegt habe, spätestens nach hundert Metern kentert, würde ich ausrufen: »Eine Weltumsegelung sollte man auch mal machen!«

Ich ging also mit den allerhöchsten Erwartungen zu diesem Termin – was man als gut gelaunter Pessimist ja nie tun sollte –, um dann bitter enttäuscht zu werden. Der Weltumsegler entpuppte sich als der langweiligste Mensch, der mir je begegnet ist. Und wäre bei diesem Termin nicht auch noch eine beleibte Dame von einem Konkurrenzblatt anwesend gewesen, die von den kulinarischen Vorlieben ihres kürzlich verstorbenen Hündchens erzählte, ich wäre wohl an diesem Abend an Langeweile verstorben. Das heißt: Es war schon wieder bemerkenswert, wie jemand, der in einem selbstgebauten Schiff die Welt umrundet, die tollsten Abenteuer erlebt und ganz sicher auch ein faszinierendes

Buch darüber geschrieben hat, wie so jemand im persönlichen Gespräch eine glatte Nulllinie hinlegt. Als Überraschungsgast hatte der Verlag übrigens noch einen zweiten Weltumsegler eingeladen. Im Verlaufe des Abends wurde ich Ohrenzeuge, wie sich der eine Weltumsegler mit dem anderen Weltumsegler austauschte. Nun, was soll man sagen? In Anlehnung an Ambrose Bierce, der diese Formulierung auf die nach seiner Ansicht nervtötenden Klarinetten gemünzt hat, würde ich behaupten: Es gibt zwei Menschen, die noch langweiliger sind als ein Weltumsegler: zwei Weltumsegler.

Spaß mit Wichtigtuern und arroganten Säcken

Aber jetzt, da Sie nun trotz aller pessimistischen Vorbehalte schon einmal auf der Party sind, sollten Sie daran denken, auch Ihren Spaß zu haben. Und der ist viel leichter zu bekommen, als Sie meinen. Wo steht denn geschrieben, dass man nur mit feinsinnigen, klugen und sympathischen Leuten sein Vergnügen haben kann? In diesem Buch ganz sicher nicht! Nutzen Sie vielmehr die einmalige Gelegenheit, mit Leuten ins Gespräch zu kommen, die Ihnen sonst nicht so leicht in die Fänge geraten. Zum Beispiel, weil Sie normalerweise einen weiten Bogen um diese Sorte Mensch schlagen.

Das könnte ein Fehler sein. Entweder weil diese Leute gar nicht so schlimm sind, wie Sie immer gedacht haben, sondern ebensolche arme Kreaturen wie Sie und ich. Oder weil diese Leute noch viel schlimmer sind, als Sie angenommen haben: selbstverliebt, eitel, wichtigtuerisch oder auch dumm. Meine Güte, wie dumm manche Menschen sind! Und dabei halten sie sich für den Nabel der Welt! Grund genug, es sich nicht entgehen zu lassen, diese

Menschen aus der Nähe zu erleben. Womöglich müssen Sie gar nicht mit ihnen reden. Weil Sie gar nicht zu Wort kommen. Oder weil die betreffende Person einfach durch Sie hindurchsieht. Auch das kann eine Erfahrung sein, die das eigene Leben bereichert. Vor allem wenn man sich später mit jemandem darüber austauschen kann: »Stell dir vor, was mir vorhin passiert ist …« Manchmal beginnt das eigentliche Vergnügen eben erst nach der Party, auf dem Nachhauseweg, wenn man über die Gäste ablästert.

Haben Sie daher keine Scheu, auf Leute zuzugehen, die Ihnen auf den ersten Blick ein wenig widerwärtig vorkommen. Aus eigener Erfahrung kann ich sagen: Das sind manchmal überraschend nette Leute. Außerdem haben Sie auf diese Weise vielleicht Gelegenheit, mit mir Bekanntschaft zu schließen – für den Fall, dass wir einmal auf dieselbe Feier eingeladen sind. Aber sogar wenn es sich um richtig unangenehme Zeitgenossen handelt, können Sie durchaus auf Ihre Kosten kommen. Sie müssen das Ganze nur aus einer gewissen Distanz betrachten. Dann werden Sie auch Ihre Freude haben. Getreu dem Grundsatz: Je größer der Kotzbrocken, desto spaßiger der Abend. Vielleicht werden Sie noch Wochen davon zehren. Vielleicht werden Sie damit im Kreise Ihrer Freunde Triumphe feiern, denn solche Geschichten hört man eigentlich immer gern. Ja, womöglich verschafft es Ihnen Linderung, wenn Sie einst auf dem Sterbebett liegen und sich sagen: »Nun gut, in meinem Leben bin ich weiß Gott kein leuchtendes Vorbild gewesen. Aber im Vergleich zu dieser miesen Ratte, die ich damals auf der Party bei Schusters kennengelernt habe, bin ich geradezu ein Heiliger.« Und Sie können beseligt entschlummern. Wollen Sie sich diese Gelegenheit wirklich entgehen lassen?

Grundregel für Partypessimisten: Je größer der Kotzbrocken, desto spaßiger der Abend.

Ranwanzen – aber richtig

Langsam kommen Sie in Fahrt. Jetzt holen Sie sich erst mal ein Bier. Oder ein stilles Wasser mit Alpengletschergeschmack. Mit Ihrer inneren Einstellung können Sie es nun sogar wagen, auf eine der faszinierenden Persönlichkeiten zuzugehen und mit ihr ein Schwätzchen zu halten. Womöglich ist die sogar dankbar, endlich mal mit einem normalen Menschen ein paar Worte zu wechseln. Und es stellt sich heraus, dass in der glänzenden Schale der faszinierenden Persönlichkeit ein angenehm stumpfer, unaufregender Kern steckt. Oder auch gerade nicht. Sondern eine verwundete Seele, ein zerbrechliches Wesen oder eine egomanische Diva. Es gibt so viel zu entdecken …

Moment mal, sollten Sie faszinierende Persönlichkeiten nicht gerade meiden? Hier müssen wir unterscheiden: Ein gut gelaunter Pessimist wird den »bunten Tupfern« erst mal aus dem Weg gehen. Im Allgemeinen sind sie kein geeigneter Startpunkt, um einen netten Abend zu verbringen. Aus den genannten Gründen. Wenn es sich aber so ergibt und gerade kein Mensch mit einem langweiligen Beruf zu Verfügung steht – warum sollten Sie dann nicht mit einem Bildhauer, Fotokünstler oder einer Kinderbuchautorin plaudern? Die Betonung liegt auf »plaudern«, denn es gibt nichts Nervtötenderes als interessierte Nachfragen wie: »Woran arbeiten Sie gerade?« Auch originelle Kommentare kommen oft nicht gut an. Am quälendsten aber sind Bemerkungen, die dem anderen zu verstehen geben sollen: Hier redet kein Ignorant, sondern einer, der sich auskennt, jemand auf gleicher Augenhöhe: »Kennen Sie Kallermann? Ich habe schon viel mit ihm gearbeitet. Ich drehe ja auch so ein paar Filme …«

Wenn Sie sich an jemanden ranwanzen wollen, dann dürfen Sie nicht aufdringlich sein. Am besten gehen Sie der betreffenden Person erst mal aus dem Weg. Und dann, wenn niemand mehr damit rechnet (am wenigsten Sie selbst), treten Sie aus der Deckung und machen eine unwiderstehlich banale Bemerkung. Und schon ist es passiert!

Stellen Sie sich dazu

Versierte Partygäste verstehen es, an die richtigen Gruppen anzudocken. Das sind solche, die nicht unter sich bleiben wollen, sondern offen sind für Leute wie Sie und ich. Stellen Sie sich einfach neben die Gruppe, hören Sie eine Weile zu, und wenn man Ihnen nicht den Rücken zukehrt, können Sie versuchen, erst einmal Blickkontakt zu demjenigen aufzunehmen, der gerade spricht, ehe Sie mit einer schlauen Bemerkung dazwischenplatzen.

Allerdings muss man zugeben, dass mit dem Dazustellen schon die hohe Schule der Partykunst erreicht ist. Nicht jedem liegt so etwas. Man braucht ein feines Gespür und auch ein wenig Dickfelligkeit, denn manche Gäste reagieren etwas verschnupft, wenn jemand ihre vertrauten Kreise stört. Die gehen schließlich nicht auf eine Party, um sich mit fremden Leuten zu befassen. Für sie ist es schon schwer genug, den Abend überhaupt irgendwie herumzubekommen. Das tun sie dann lieber in Gesellschaft von denen, die sie schon kennen.

Abschied nehmen

Und wenn der Abend noch so deprimierend für Sie verlaufen ist und schlimmer war, als Sie es sich als alter Pessimist ausgemalt hatten, eines sollten Sie immerhin hinbekommen: einen würdigen Abgang. Der entschädigt für vieles. Ja, es gibt Abende, die werden erst durch das herzerwärmende Abschiednehmen vergoldet. Der Gastgeber hat Sie den ganzen Abend links liegen lassen. Kaum reichen Sie ihm zum Lebewohl die Hände, dreht er noch einmal auf. So wie manche Bäume, bevor sie eingehen, noch einmal Blüten in verschwenderischer Fülle hervortreiben. »Angstblüte« sagen die Botaniker dazu. Doch Angst ist nun gewiss nicht das, was Ihren Gastgeber ergreift. Vielmehr lässt er Sie ziehen, halb bedauernd, halb erleichtert, dass Sie bereits gehen müssen, wie Sie ebenso halb bedauernd, halb erleichtert versichern.

Besonders gerne wird es gesehen, wenn Sie glaubhaft den Eindruck vermitteln können, als müssten Sie sich losreißen. Manche Gäste haben es da zu wahrer Meisterschaft gebracht. Um zehn Uhr kündigen sie zum ersten Mal an, dass sie jetzt langsam gehen müssen. Sie wissen schon: Die Kinder, der Babysitter, die weite Fahrt nach Hause, morgen Frühdienst oder gegen fünf zum Flughafen. Alle anderen Gäste frohlocken schon, weil sie nicht die Ersten sind, die das Feld räumen (und von nun an die Freiheit haben, ungestraft das Weite zu suchen). Aber was ist das? Um elf stehen diese Meistergeiger des Abschieds immer noch herum und reden und reden. Womöglich bereits seit einer halben Stunde in Jacken und Mäntel gehüllt. Und einige der Gäste, die vorschnell annahmen, der Pfad zum Rückzug ohne Gesichtsverlust wäre gebahnt, mussten dann doch eher ihren Hut oder was auch immer nehmen und zähneknirschend abziehen.

Versuchen Sie den Eindruck zu erwecken, als müssten Sie sich losreißen.

Ehepaare sind deutlich im Vorteil. »Matthias, wir müssen jetzt wirklich gehen«, drängt meine Frau und fügt hinzu: »Die Kinder.« Oder ein ähnlich überzeugendes Stichwort. Damit verhilft sie mir, ohne dass wir das abgesprochen hätten, zu einem würdigen Abgang. Ich überziehe noch eine halbe Minute, während die gefühlte Wertschätzung für den Gastgeber und seine formidable Feier mit jeder Sekunde Anwesenheit steigt. Und erst dann reiße ich mich los, im Hochgefühl, auch vom Gastgeber in Kürze bereits schmerzlich vermisst zu werden – und gehe.

Das heißt, ich will gehen. Nun ist es aber meine Frau, die sich noch bei jemandem verabschiedet. Und nun bin ich es, der drängt. Und meine Frau ist diejenige, die sich losreißen muss. Die letzte Frage, bevor wir den Raum endgültig verlassen, lautet: »Haben wir alles?« Und weil diese Frage selten bejaht werden kann, haben wir noch einmal Gelegenheit, die Räumlichkeiten des Gastgebers zu durchmessen und uns bei zahlreichen Leuten noch einmal, »jetzt aber wirklich«, zu verabschieden. Das gibt zusätzliche Pluspunkte, ehe wir nach draußen entkommen.

Und wenn Ihnen der Abschied misslingt? Wenn Sie Ihrem Gastgeber noch nicht mal ein »Du, ich ruf dich in den nächsten Tagen an!« entlocken können? Oder ein: »Hat mich richtig gefreut, dass du da warst«? Oder ein: »Das nächste Mal müssen wir aber länger reden«? Dann ist es nun auch wieder nicht so schlimm. Denken Sie daran: Sie haben jetzt das lästige Pflichtprogramm hinter sich und den schöneren Teil des Abends noch vor sich. Genießen Sie die Ruhe, was nach einer richtig missratenen Party ein besonders beglückendes Erlebnis ist. Lassen Sie es sich gutgehen, die nächste Party kommt bestimmt. Und dann sind Sie vielleicht der Gastgeber.

Der pessimistische Gastgeber

Es gibt Leute, die werden ständig auf irgendwelche Feiern und Partys eingeladen. Und sie selbst laden niemals irgendjemanden ein. Sie ernten, ohne zu säen. Wir Pessimisten gehören selbstredend nicht zu diesem sonnigen Menschenschlag. Wir müssen einladen, um eingeladen zu werden. Und eingeladen werden wollen wir natürlich. Eine Party kann gar nicht so schlimm sein, um sich nicht gekränkt zu fühlen, wenn man bei den Einladungen übergangen wird.

Es hilft also nichts: Sie müssen hin und wieder eine Party ausrichten. Und wenn wir zu Anfang des Kapitels gesagt haben, dass man durch den Besuch einer Party in eine deprimierte Stimmung kommen kann, so drohen Ihnen Qualen ganz anderer Art, wenn Sie selbst der Gastgeber sind. Das fängt schon damit an, dass Sie als Gast unter Wahrung einer Anstandsfrist die Party verlassen können, wenn sie Ihnen nicht behagt. Ein Gastgeber darf das nicht, obwohl er doch ganz besonders stark darunter leidet, wenn keine Stimmung aufkommen will. Schlimmer noch: Als Gastgeber werden Sie sogar dafür verantwortlich gemacht, wenn es die Gäste nicht fertigbringen, sich ein bisschen zu amüsieren. So als wären Sie daran schuld, wenn Ihren Arbeitskollegen nur abgestandene Witze einfallen oder sich Ihr unsympathischer Nachbar betrinkt. Der sowieso nur mitfeiern darf, damit er nicht nach 22 Uhr die Polizei anruft. Dabei wäre Ihnen das beim gegenwärtigen Stand der Party eigentlich am liebsten. Aber greifen wir nicht vor …

Wen einladen?

Eine Party wäre nicht halb so bedrohlich, wenn die Gäste nicht wären. Doch es sind die Gäste, die es letztlich in der Hand haben, ob Ihre Party ein Knüller wird oder ein Flop. Sie stellen nur den Rahmen zu Verfügung und nehmen dadurch Einfluss, indem Sie bestimmte Leute einladen oder es eben bleiben lassen. Dabei wird Ihr Gestaltungsspielraum sehr stark dadurch eingeschränkt, dass man nur Leute (und deren Anhang) einladen kann, die man kennt. In manchen Fällen ist damit bereits das Scheitern der Party besiegelt.

Es gibt Gastgeber, die dieses Problem dadurch zu lösen versuchen, dass sie ihren Gästen einschärfen: »Wenn du noch jemand Netten kennst, bring den doch mit!« Ein riskantes Manöver. Denn würden Sie einen netten Bekannten auf eine Party verschleppen, die noch mit Gästen aufgefüllt werden muss, die nicht widerwärtig sind? Nein, da helfen keine Tricks und keine Mietlinge vom Studentenservice. Da müssen Sie Farbe bekennen und sich auf Ihren buckligen Bekannten- und Freundeskreis konzentrieren. Plus etwaige Arbeitskollegen, die man heute aber ohnehin nicht mehr vom Bekannten- und Freundeskreis unterscheiden kann, zumal es sich oft genug um ein und dieselben Personen handelt.

Familienangehörige und Nachbarn (siehe oben) kommen noch hinzu. Fertig ist die Gästeliste. Und Sie können mit dem Ausstreichen beginnen. Dabei sind Sie weniger frei, als Sie vielleicht meinen. Denn wie bereits angesprochen: Jeder, den Sie nicht einladen, nimmt Ihnen das übel. Auch wenn er ohnehin nicht kommen kann. Auch wenn er Partys hasst. Auch wenn er auf Reisen ist oder in einer anderen Stadt lebt. Auch wenn er alt und krank und schwerhörig zu Hause sitzt. Er wird es Ihnen übelnehmen, wenn Sie ihn übergehen. Streichen kommt also nur aus zwei Gründen in Frage: Sie haben nichts dagegen, dass Ihnen die betreffende Person böse ist. Oder die betreffende Person erfährt gar nichts von Ihrer Party.

Auch Partyhasser nehmen es übel, wenn sie nicht eingeladen werden.

Manche Gastgeber laden daher auch Problemfälle ein und versuchen eher durch geschickte Wahl des Termins zu vermeiden, dass sie auf ihrer Party erscheinen. Wenn Sie also feststellen, dass sich in Ihrem Bekanntenkreis die Partys überschlagen, sobald Sie verhindert sind, sollte Sie das nachdenklich stimmen.

Ansonsten aber gilt die Devise: Masse statt Klasse. Eindruck machen Sie nur, wenn sich eine stattliche Anzahl von Menschen bei Ihnen tummelt. Da können ruhig einige Widerlinge dabei sein. Solange nur viele Gäste da sind, fällt das nicht weiter auf. Stellen Sie sich hingegen vor, Sie laden nur Ihre handverlesenen Freunde und Kollegen ein. Party kann man das wohl kaum noch nennen. Denn sagen wir es offen: So eine Party ist immer auch ein Schaulaufen. Ja, viele nehmen die Strapazen, eine Party zu veranstalten, nur deswegen auf sich. Bei wem sich die Leute drängen, der macht Eindruck. Wo gähnende Leere herrscht, da gähnen bald die wenigen Gäste und gehen. Das Schlimmste aber ist: Man wird geneigt sein, Sie für ein armes Würstchen zu halten.

Einen geeigneten Termin finden

Bevor sie einen Termin festlegen, erkundigen sich gewissenhafte Gastgeber schon vorher, ob diejenigen, die sie einladen wollen, auch Zeit haben. Das ist zwar vernünftig, kann jedoch nicht verhindern, dass manchen Gästen doch noch etwas dazwischenkommt. Am häufigsten natürlich denen, auf die Sie sich besonders freuen oder die Sie mit einer rauschenden Party davon überzeugen wollen, dass Sie kein armes Würstchen sind.

Hinzu kommt, dass sich bereits im Vorfeld abzeichnet, dass ohnehin niemals alle, die Sie einladen wollen, unter einen Hut zu bringen sind. Und was dann? Je nachdem, für welchen Termin Sie sich dann entscheiden, wissen Ihre Gäste: Aha, auf meine Anwesenheit legt sie also keinen Wert! Sonst hätte sie die Party ja nicht ausgerechnet auf den Tag gelegt, an dem ich nicht kommen kann. Daher lautet mein Rat: Nehmen Sie irgendeinen Termin, der Ihnen passt, bewerfen Sie Ihren Kalender einfach mit Dartpfeilen. Am besten, ohne hinzuschauen. Sobald Sie einen Tag getroffen haben, der Ihnen akzeptabel erscheint, schreiben Sie Ihre Einladungen.

Sorgen Sie für einen flotten Anschub

Pessimisten wissen genau: Geraten sie mit den Vorbereitungen etwas in zeitlichen Verzug, stehen die ersten Gäste bereits vor der Tür, wenn sie gerade unter die Dusche steigen wollen. Ist hingegen alles pünktlich vorbereitet, taucht der erste Gast mit mehrstündiger Verspätung auf. Die Konsequenz kann daher nur lauten: Alles pünktlich vorbereiten. Lässt der erste Gast tatsächlich lange auf sich warten, sehen Sie es einmal so: umso schneller haben Sie die Party überstanden und umso weniger Zeit bleibt den Gästen, in Ihrer Wohnung zu verunglücken.

Außerdem können Sie sich die Zeit damit vertreiben, darauf zu wetten, welcher Gast sich als Erstes zu Ihnen traut. Wenn der an der Tür klingelt, ist es ohnehin vorbei mit der Gemütlichkeit. Denn jetzt sind Ihre gastgeberischen Fähigkeiten gefragt. Sie müssen Ihre Gäste unterhalten, sie mit den örtlichen Gegebenheiten vertraut machen sowie für Essen, Getränke und gute Laune sorgen. Manche Gastgeber reiben sich dabei regelrecht auf, eilen mit Sektflaschen durch ihre Wohnung, machen Leute miteinander bekannt, die sonst achtlos aneinander vorbeigelaufen wären, muntern Langweiler auf, mit denen sich niemand unterhält, kümmern sich um das Buffet, die musikalische Beschallung, die ausreichende Versorgung der Toilettenräume mit frischen Handtüchern, Seife und Klopapier, und ein wenig betrinken müssen sie sich meist auch noch. Denn es kommt bei den Gästen gar nicht gut an, wenn sie selbst allmählich in einen Zustand verminderter Schuldfähigkeit hinübergleiten und ihr Gastgeber stocknüchtern bleibt. Doch auch für den Gastgeber ist es kein Vergnügen, bei klarem Verstand mit anhören zu müssen, worüber sich alkoholisierte Angehörige der

Gastgeberpflichten: für Essen, Getränke, frische Handtücher und Klopapier sorgen. Und ein wenig betrinken müssen Sie sich auch noch.

Gattung Homo sapiens sapiens amüsieren. Mittrinken muss sein, doch gleichzeitig müssen Sie jederzeit den Überblick behalten.

Bringen wir es auf eine knappe Formel: Als Gastgeber haben Sie am allerwenigsten von Ihrer Party. Finden Sie sich damit ab. Anderen Gastgebern geht es genauso. Es gibt eigentlich nur eine Möglichkeit für den pessimistischen Gastgeber, gleichfalls auf seine Kosten zu kommen: Er sorgt für einen flotten Anschub und kann es gelassen ertragen, wenn dann die Party in den Graben fährt.

Die nächste Party kommt bestimmt

Der gut gelaunte Partypessimist unterscheidet zwei Arten von Partys: diejenige, die zu früh endet, weil keine Gäste mehr da sind. Und diejenige, die gar nicht mehr aufhört, weil immer noch Gäste da sind. In besonders ungünstigen Fällen kommt auch beides zusammen: ein Fest, das sich schnell leert, doch es bleibt ein harter Kern von trinkfesten Menschen zurück, die Sie so genau eigentlich gar nicht kennenlernen wollten.

Ohne Zweifel ist der erste Fall sehr unangenehm. Da verschwinden Sie mal eben kurz in der Küche, um nachzuschauen, ob die Crème brûlée schon die geeignete Temperatur hat, und schon kommen Ihnen die ersten Gäste mit ihren Mänteln entgegen. Sagen wir es offen: Es ist eine Kränkung für den Gastgeber, wenn seine Gäste schon so früh aufgeben. Allzu oft wird man dann nicht zum »Partymaker«, auch wenn man jetzt Essen und Getränke ganz für sich allein hat. Und einen schwachen Trost gibt es obendrein: Fall Nummer zwei ist noch unangenehmer.

Jede Party hat ihr eigenes Zeitmaß. Es kommt der Punkt, an dem Sie als Gastgeber spüren: So langsam könnte die Feier ausklingen. Sind Ihre Gäste aber anders getaktet oder ganz taktlos, so droht Ungemach. Sie können kaum noch die Augen offen halten, verstehen ohnehin nicht mehr, was dieser redselige Mensch mit Alkoholfahne Ihnen da erzählen will. Haben Sie den überhaupt eingeladen? Sie befinden sich in einem geistigen Zustand, von dem die Engländer sagen: »Die Lichter brennen noch, aber es ist niemand zu Hause.«

Doch irgendwann werden auch die klebrigsten Gäste verschwinden. Das unterscheidet sie wohltuend von den Flecken, die sie auf Ihrer Polstergarnitur hinterlassen haben: Gäste gehen von selbst. Und noch etwas sollte Sie trösten: Je länger Sie durchhalten, umso gelungener wird die Party erscheinen. Wer es so lange bei Ihnen aushält, der fühlt sich einfach wohl, müssen Sie sich sagen. Aber auch die Gäste, die frühzeitig getürmt sind, werden sich später erkundigen: »Na, wie lange habt ihr noch gefeiert?« Und wenn Sie dann antworten können: »Um sechs Uhr früh sind die Letzten gegangen«, wird dem feigen Partyflüchter dämmern, dass er den besten Teil vom Fest verpasst hat. Allein für diesen stillen Triumph lohnt es sich eben doch, die Gäste möglichst lange zu ertragen. Überhaupt werden Sie feststellen, dass eine Party immer gelungener erscheint, je weiter sie in die Vergangenheit rückt. Irgendwann sind wir selbst davon überzeugt, ein rauschendes Fest gefeiert zu haben. Und dann fangen wir an zu überlegen, wann endlich bei uns die nächste Party steigt. Darauf haben wir jetzt richtig Lust!

Der gut gelaunte Pessimist und die letzten Fragen

Was hat der gut gelaunte Pessimist über den Sinn des Lebens zu sagen? Wie denkt er über das Leben nach dem Tod und die Unsterblichkeit? Eines ist sicher: Pessimisten kommen am Ende immer in den Himmel.

Im letzten Kapitel wollen wir uns an eine richtig harte Nuss heranwagen: an den Sinn des Lebens, das Sterben, den Tod und alles, was danach kommt. Das sollte dann auch erst mal genügen an gut gelauntem Pessimismus. Denn: Mehr geht nicht. Doch darf man bei den letzten Fragen überhaupt pessimistisch sein, oder hört hier der Spaß nicht langsam auf? Aber keineswegs, man darf, man kann, vielleicht muss man sogar fröhlich pessimistisch sein auf den letzten Metern vor der Ausfahrt. Denn was Optimisten und Erfolgsmenschen zu diesen Themen zu sagen haben, fällt doch ziemlich dürftig aus.

Fangen wir erst mal damit an, ein weitverbreitetes Missverständnis geradezurücken. Pessimisten, so behaupten manche, glaubten nicht an ein Leben nach dem Tod, als die ewigen Miesmacher, die sie sind. Die sonnigen Optimisten hingegen würden so etwas tun. »Der Tod ist kein Ende«, tönen sie, »ich bin da ganz optimistisch.« Wie so oft, wenn sich Optimisten zu schwierigen Themen äußern, haben wir Grund, das Gegenteil anzunehmen. Es ist nämlich so, dass der ursprüngliche, reine und schwärzeste Pessimismus genau diese Annahme macht: Der Tod ist kein Ende. Vielmehr geht es im Jenseits weiter mit dem ganzen Elend. Oder es wird sogar noch viel schlimmer, wie beispielsweise die frühen Hochkulturen annahmen. Bei den alten Babyloniern etwa trat man nach dem Tod nicht etwa ins Paradies ein, sondern lebte weiter im sogenannten »Haus des Staubs«, unter der Erde. Dort war es dunkel, es gab keine Nahrung, man fristete ein erbärmliches Dasein. Nach und nach zerfiel auch der Körper »wie ein von Motten zerschlissenes Tuch«, wie es im altehrwürdigen Gilgamesch-Epos heißt, einem der ältesten literarischen Werke der Menschheit. Auch bei den alten Griechen war das Leben in der Unterwelt alles andere als komfortabel. Und bei den Römern hieß das Totenreich nicht ohne Grund »Orkus«.

Der schwärzeste Pessimismus macht genau diese Annahme: Der Tod ist kein Ende.

»In allen Religionen gibt es die Vorstellung, dass es mit dem Tod nicht zu Ende ist«, erklärt der Tübinger Religionswissenschaftler Günter Kehrer. »Allerdings gibt es Religionen, die sagen: Es ist *leider* nicht zu Ende. Und andere, die sagen: Es ist *Gott sei Dank* nicht zu Ende.« Dieselbe einprägsame Formel lässt sich natürlich auch auf areligiöse, materialistische Vorstellungen anwenden. Manche meinen, mit dem Tod ist es leider aus und vorbei mit uns, andere finden eher, es ist Gott sei Dank aus und vorbei. Da kann man schon ins Grübeln kommen, wer unter denen jetzt optimistisch und wer pessimistisch ist. Ich persönlich neige zu der Ansicht, dass man als gut gelaunter Pessimist weder auf seine Religion noch auf seinen Atheismus verzichten muss. Und am besten ist ja ohnehin eine Kombination von beidem.

Ein Grab mit Aussicht

Es ist doch merkwürdig, fand der Psychologe Helmut Jungermann: Manche Menschen kaufen sich bereits zu ihren Lebzeiten eine Grabstätte. Dabei legen sie Wert auf eine schöne und ruhige Lage. Das Grab darf dann auch ein wenig mehr kosten. Nun aber die Überraschung: Viele der Betreffenden glauben keineswegs an ein Leben nach dem Tod und schon gar nicht daran, dass sie über ihrem Grab schwebend die schöne Aussicht genießen. Auch das Motiv, ihren Angehörigen etwas Gutes zu tun oder sie gar mit einem reizvollen Tal- oder Seeblick anzulocken, hat kaum eine Bedeutung. Ausschlaggebend ist vielmehr die Vorstellung, die sich die Käufer machen, wenn sie die Grabstätte erwerben: Ach, wie schön, hier zu liegen und seinen Frieden zu finden.

Ob diese Vorstellung »realistisch« ist, spielt überhaupt keine Rolle, meint Jungermann, »ob also das vorgestellte Ereignis auch tatsächlich eintritt«. Vielmehr hat die Phantasie vom »Grab mit

Aussicht« ihren eigenen Wert. Denn sie bestimmt das Wohlbefinden der Betreffenden hier und jetzt. Sie kann ihnen ein Gefühl von Sicherheit geben, das ihr Leben in der Gegenwart bestimmt. Und so ist es auch mit unseren Vorstellungen vom Tod und vom Sterben. Solange die Stunde noch nicht gekommen ist, weiß niemand von uns, wann und wie er sterben wird. Ja, manche bezweifeln sogar, dass wir überhaupt wissen, *wer* da genau sterben wird. Denn möglicherweise haben wir uns bis dahin so stark verändert, dass die Person, die dann stirbt, mit uns heute nur noch wenige Gemeinsamkeiten hat. Vor allem sieht sie viel älter aus als wir. Lassen wir das mal auf sich beruhen. Denn eines ist immerhin gewiss: dass wir sterben. Ich denke nicht, dass man diese Tatsache verdrängen muss. Vielmehr kann man ihr auch einiges abgewinnen, wie wir gleich noch sehen werden. Dabei muss man sich keineswegs von seinen religiösen Vorstellungen verabschieden. Für einen gut gelaunten Pessimisten sind sie so etwas wie das »Grab mit Aussicht«. Es spielt keine Rolle, ob es »wirklich« so kommt und ob tatsächlich sieben Engel mit sieben Trompeten den Jüngsten Tag ankündigen werden. Seien Sie also nicht enttäuscht, wenn es bloß wieder nur sechs Engel mit fünf Klarinetten sind.

Unser Tod ist einfach undenkbar.

Das Entscheidende ist, ob uns diese Vorstellungen hier und heute Halt geben. Halt geben? Das hört sich aber nicht sehr pessimistisch an, finden Sie? Maulen Sie nicht. Niemand hindert Sie daran, sich Ihren Tod ganz anders auszumalen. Ohne Grab und ohne Aussicht auf irgendetwas. Am Ende dieses Kapitels bekommen Sie da auch noch ein paar Anregungen, das verspreche ich Ihnen. Doch der Punkt ist einfach: Dass wir nicht mehr sind, ist eine Erfahrung, die wir schlechterdings gar nicht machen können. Es ist nicht im Entferntesten vorstellbar, nicht mal für einen Pessimisten. Diesen Zustand als beglückend oder bedrückend zu beschreiben ergibt eigentlich keinen Sinn. Unser Tod ist im wahrsten Sinne des Wortes undenkbar.

Aber zugleich müssen wir uns eben doch unseren Reim darauf machen. Der Tod ist unsere Grenze. Und an unseren Grenzen können wir erst erfahren, wer wir sind. Eine echte Todeserfahrung ist uns jedoch nur einmal möglich; und dann ist es entschieden zu spät, sein Leben noch zu genießen oder zu ändern. Insoweit müssen wir diese Erfahrung irgendwie vorwegnehmen, auch wenn wir das Ganze für ein wenig Spinnerei halten. Doch diese »Spinnerei« müssen wir uns einfach leisten. Denn wir haben keine besseren Vorstellungen von unserem eigenen Tod.

Unsterblichkeit an einem verregneten Nachmittag

Die amerikanische Schriftstellerin Susan Ertz hat es einmal so ausgedrückt: »Millionen Menschen sehnen sich nach Unsterblichkeit und wissen doch nicht, was sie an einem verregneten Sonntagnachmittag anfangen sollen.« Da ist schon etwas dran. Sobald wir es mit richtigen Menschen zu tun haben, bekommt Unsterblichkeit schnell etwas unglaublich Lächerliches. Die Sache ist fünf Nummern zu groß geraten für uns real existierende Menschen, die wir kaum mit der uns zugewiesenen Lebensspanne zurechtkommen. Es zeichnet uns nun einmal aus, dass wir sehr unvollkommene, sehr verletzliche Wesen sind, dass wir altern und sterben. Trotz Anti-Aging, Yoga und plastischer Chirurgie. Dass wir Menschen dieses Schicksal miteinander teilen, verbindet uns alle miteinander. Der amerikanische Religionshistoriker James Carse geht so weit zu behaupten: »Die Unsterblichkeit muss vermieden werden. Der Tod ist der Ursprung des Sinns. Könnte man ewig leben, wäre das Leben sinnlos. Der

Tod ist der Ursprung des Menschen. Es gibt kein Selbst ohne den Tod.«

Nun müssen wir hier unterscheiden: Unsterblichkeit als Vorstellung vom »Grab mit Aussicht« hat ja eher etwas Tröstliches. Dagegen wird Unsterblichkeit geradezu monströs, wenn man sie gewissermaßen ins Leben hineinzieht. Dann bekommt sie etwas Unmenschliches und Anmaßendes. Stellen wir uns nur mal vor: Unsterblichkeit wäre technisch möglich. Wer soll dann unsterblich werden dürfen? Diejenigen, die finanzkräftig genug sind? Diejenigen, die den höchsten IQ besitzen? Ausgezeichnete Wissenschaftler, Filmstars oder Sportler? Oder im schlimmsten Fall: alle? Was wäre das dann für eine versteinerte Gesellschaft? Keiner tritt ab, wird beiseitegeschafft, alle sind noch da. Aus heutiger Perspektive müssten wir uns vorstellen: Cäsar, Nero, Karl der Kahle und Karl der Große, alle noch unter uns, diverse Raubritter, Firmengründer, Bettelmönche, Bismarck, Adolf Hitler, Hildegard von Bingen und Graf Dracula. Und wer wäre jetzt wohl an der Regierung? Otto der Erste? Oder Pippin der Große? Es würde wohl ziemlich eng werden.

»Wenn ich tot bin, soll mir mal einer mit Auferstehung oder so kommen: Ich hau ihm eine rein!« – Arno Schmidt

Aber auch die Vorstellung, dass man »überlebt« durch das, was man geschaffen hat, ist nicht weniger albern. Egal, ob Sie ein Haus gebaut, ein Buch geschrieben oder das beleuchtete Stopfei erfunden haben, das, was Sie »sind«, steckt da nicht drin. Zudem gehören die Werke und Erfindungen eines Menschen nicht ihm allein. Denken Sie nur an die Erfindung des Telefons (→ Seite 27 f.). Wer sollte denn dadurch »Unsterblichkeit« erlangen – derjenige, der in den Geschichtsbüchern steht? Oder alle, die irgendwie an dem Projekt beteiligt waren? Und wenn wir unsere Telefone nicht mehr brauchen, »sterben« die dann alle? Das führt uns zum letzten Punkt: Unsterblichkeit durch die Erinnerungen, die wir bei den anderen hinterlassen. Es wird zwar gerne behauptet, dass jemand erst dann sterbe, wenn sich niemand mehr an ihn erinnert. Doch damit werden die Dinge auf den Kopf gestellt: Nicht wir sind es, die in den Köpfen der anderen herumspuken, wenn sie an uns denken. Sondern die anderen erschaffen sich ihre Erinnerungen an uns – so wie sie es gerade brauchen. Und je länger eine Erinnerung währt, umso stärker nähert sie sich einem Märchen an.

Sagen wir es offen: Unsterblichkeit ist eine idiotische und verlogene Idee. Sie macht das Leben um keinen Deut lebenswerter, vielmehr entwertet sie es. Es ist genau umgekehrt: Dass unser Leben gefährdet und begrenzt ist, macht es erst kostbar. Der verregnete Sonntagnachmittag, den Sie verbummeln, bekommt in Ihrem Leben überhaupt erst eine Bedeutung, wenn Sie nicht in alle Ewigkeit weitermachen können. Beunruhigend wird die Sache nur dadurch, dass Sie sich vorstellen, eines Tages zu nichts zu werden. Weil in hundert, vielleicht schon in zehn Jahren nicht mehr viel von uns da zu sein scheint, außer zwanzig Esslöffel Salz, etwas Kalk und allerlei Mineralien, droht die völlige Entwertung. Doch damit bringen wir zwei Dinge durcheinander. Was wir sind, das sind wir gerade nicht durch irgendetwas, das außerhalb des Lebens steht und das wir unbeschadet durch Raum und Zeit bringen. Der Neurologe Antonio Damasio hat versucht, einen besseren Begriff dafür zu finden, was unser »Selbst« ausmacht. Er spricht von einer »wortlosen Erzählung«, die wir uns selbst unser ganzes Leben hindurch zuflüstern, und zitiert den Dichter T.S. Eliot mit den Worten: »Du selbst bist die Musik, solange sie forttönt.« Anders gesagt, wir erschaffen uns selbst in jedem Augenblick unseres Lebens. Als Lied, als Erzählung. Und so machen Sie vielleicht noch die beglückende Entdeckung, dass Sie gerade

»Der Tod ist nicht der größte Verlust im Leben. Der größte Verlust ist, was in uns stirbt, während wir leben.« – Norman Cousins

an diesem verregneten Sonntagnachmittag, an dem Sie nichts mit sich anzufangen wissen, für einige magische Momente unsterblich sind.

Der Sinn des Lebens

Kaum jemand weiß, was ein gelungenes Leben ausmacht. Und diejenigen, die behaupten, es zu wissen, sind kaum zu ertragen in ihrer Engstirnigkeit. So behaupten manche, man müsste sich eine Aufgabe suchen und »das Beste« darin leisten. Willkommen in der inneren Galeere! Ade, Gelassenheit! Oder man müsste andere Menschen glücklich machen. Oder möglichst viel Liebe in die Welt streuen. Woran noch jeder gescheitert ist, der sich das fest vorgenommen hat. Und allzu oft richten diejenigen, die mit den besten Absichten ihre Mitmenschen beglücken wollen, das größte Unheil an. Soll man sich also nicht um seine Mitmenschen kümmern, ihnen nicht beistehen? Oh doch, ganz gewiss. Nur ist es etwas grundsätzlich anderes, das zum »Sinn des Lebens« zu erklären. Denn die Zuwendung des Mitmenschen verliert beträchtlich ihre Strahlkraft, wenn uns der Betreffende mitteilt, dies sei der »Sinn« seines Lebens. Dadurch bekommen seine guten Taten etwas Aufdringliches und Selbstgefälliges – wenn es denn überhaupt gute Taten sind. Denn die anderen schätzen es gar nicht immer, wenn man sich allzu fürsorglich um sie kümmert.

Manche Menschen sprechen lieber in Rätseln, wenn man sie nach dem Sinn des Lebens fragt. Und sagen solche Sachen wie: »Der Sinn des Lebens ist das Leben selbst.« Oder: »Man muss das Leben genießen.« (Wieso »muss« man genießen?). Dann schon lieber gleich Zen-Buddhismus: Der Schüler stellt dem Meister eine knifflige Frage, und der sagt schlicht und ergreifend: »Mu.« Oder er verpasst dem Fragenden eine Ohrfeige. Oder gießt ihm heißen Tee über die Finger. Was diese Zen-Meister halt so anstellen, um die Lacher auf ihrer Seite zu haben.

»Leben ist das, was passiert, während du Pläne machst.« – John Lennon

Als gut gelaunter Pessimist geht man ein wenig anders vor. Natürlich möchte man kein sinnloses Leben führen und grübelt über den Sinn des Lebens nach. In aller Regel wird man nicht fündig. Wie sollte es auch anders sein, wenn die andern auch nur Verlegenheitslösungen zwischen »Mu« und »Liebe« ausknobeln? Wenn man doch fündig wird, weiß man immerhin, dass irgendetwas faul an der Sache sein muss. Denn das Einzige, was sich über den Sinn des Lebens sagen lässt, ist das: Wenn es ihn gibt, dann spaziert er fröhlich pfeifend an deinem Haus vorbei, solange du drinnen sitzt und über den Sinn des Lebens nachdenkst. Ganz im Sinne der vielzitierten Worte von John Lennon: »Leben ist das, was passiert, während du Pläne machst.«

Wenn Sie für sich keinen Lebenssinn finden, dann ist das völlig in Ordnung. Es heißt ja noch lange nicht, dass Ihr Leben sinnlos ist. Sinnlosigkeit ergibt sich ja erst, wenn irgendwo ein Sinn vorhanden ist, der dann verfehlt wird. Also, gerade wenn Sie irgendeinen Sinn als Zielscheibe in Ihrem Leben aufstellen und dann danebenschießen, dann haben Sie es nicht geschafft. Als Pessimist sollte man da eher vorsichtig sein und sich eher den »texanischen Kunstschützen« zum Vorbild nehmen. Sie kennen die Geschichte vom »texanischen Kunstschützen« nicht? Dann wird es Zeit.

In der guten alten Zeit, als es noch echte Revolverhelden gab, die schneller schießen konnten als ihr Schatten, kam ein Mann in eine kleine Stadt in Texas. Er ritt an den Häusern vorbei und entdeckte überall an den Wänden kleine Zielscheiben. Das Verblüffendste aber war, dass jeder Schuss genau in der Mitte eingeschlagen hatte. Als der Mann weiterritt, stieß er auf einen Cowboy, der mit seinem Revolver herumhantierte. »Sagen Sie mal, wer hat denn da auf die ganzen Zielschieben geschossen?«, fragte ihn der

Mann. Der Cowboy schaute kurz hoch und antwortete: »Nun, das war ich.« Der Mann war beeindruckt: »Alle Schüsse sind von Ihnen?« – »Ja, alle«, nickte der Cowboy. »Wie schaffen Sie das nur, dass jeder Schuss genau in der Mitte trifft?«, wollte der Mann wissen. »Ganz einfach«, entgegnete der Cowboy. »Zuerst schieße ich. Dann male ich die Zielscheibe.«

Ähnlich verhält es sich mit dem Sinn des Lebens. Worin er wirklich besteht, das können wir wohl erst beurteilen, wenn wir am Ende unseres Lebens mal nachschauen, wo wir überall unsere Einschläge hinterlassen haben.

Kommen Pessimisten in den Himmel?

Bleibt zum Schluss die Frage, ob wir Pessimisten eine Chance haben, nach unserem Tod in den Himmel zu kommen. Oder bleibt das Paradies ausschließlich den Optimisten und Erfolgsmenschen vorbehalten, die sich frühzeitig durch schmieriges »Networking« ihre Plätze im VIP-Bereich gesichert haben, wo eigentlich nur die Engel zugelassen sind? Das glaube ich ehrlich gesagt nicht. Vielmehr bin ich fest davon überzeugt: Wenn überhaupt jemand in den Himmel kommt, dann wir Pessimisten. Da bin ich ganz pessimistisch. Denn glauben Sie bloß nicht, dass das ein Spaß wird.

Zunächst einmal stellt sich die Frage: Sind die anderen auch drin? Die Erfolgsmenschen? Sind denen ebenfalls ihre Sünden erlassen worden? Das wäre schon mal die erste Enttäuschung. Irgendwie hätten wir erwartet: Wenn Gott uns schon ins Paradies lässt, dann steht er doch auf unserer Seite und will diese erfolgsgetriggerten Egomanen nicht bei sich haben. Andererseits könnten wir damit rechnen: Wenn Gott diese Leute ins Fegefeuer oder in die Hölle sperrt, dann machen sie es dort genauso wie auf der Erde: Sie würden erklären, sie selbst säßen im Himmel und alle anderen hätten es nicht geschafft, zu ihnen aufzuschließen. Ganz im Sinne des bereits erwähnten Mottos: »Wir sind so erfolgreich, weil wir die Besten sind.«

Türstehers Wahrheit

Doch das Schlimmste kommt erst noch. Denn wie Sie wissen, kommt das Schlimmste immer zum Schluss. In Anlehnung an eine Episode, die der turbooptimistische Computerwissenschaftler Ray Kurzweil einmal zum Besten gegeben hat, möchte ich Ihnen am Ende noch eine kleine Geschichte erzählen: Stellen Sie sich vor, Sie betreten ein Spielkasino. Etwas unsicher schauen Sie sich in dem prachtvollen Saal um, mit seinen glitzernden Kristalllüstern, schweren Teppichen und Buffettischen. Als Pessimist sind Sie nicht gerade verwöhnt vom Spielerglück. Und Sie besitzen genau eine einzige Spielmarke. Zögernd begeben Sie sich an den großen Roulettetisch in der Mitte des Saals. Sie setzen auf eine Zahl und verfolgen atemlos die Drehung des Roulettekessels. Die Kugel fällt – Sie haben richtig gesetzt! Zum ersten Mal eine Zahl richtig gesetzt, auf Anhieb! Der Croupier schiebt Ihnen den Gewinn hin. Sie setzen erneut. Diesmal auf eine andere Zahl – wieder haben Sie richtig gesetzt. Und auch beim dritten Mal haben Sie Erfolg. Ihnen wird schon etwas unbehaglich. Was hat das zu bedeuten? Sie wechseln den Spieltisch. Aber auch hier reißt Ihre Glückssträhne nicht ab. Sie gewinnen jedes Spiel. Vor Ihnen türmen sich die Spielmarken. Sie lösen sie ein und verlassen schwankenden Schritts das Kasino.

Tags darauf sind Sie wieder da. Und auch jetzt machen Sie nur Gewinne. Das geht die ganze Woche so. Und die folgende auch noch. Kein einziges Mal setzen Sie auf eine falsche Zahl. Das ständige Gewinnen macht langsam keinen Spaß mehr. Es ist monoton und langweilig. Sie spielen nur noch weiter, um endlich einmal zu verlieren. Doch Sie warten vergeblich. Sie wollen gehen. Aber Sie werden von einem Angestellten zurückgehalten, der an der Tür steht. Da fällt Ihnen auf, dass er Flügel hat und so aussieht wie ein Engel am Eingang des Paradieses. Sie sind offenbar gar nicht mehr am Leben. Sie sortieren kurz Ihre Gedanken und sagen zum Türsteher: »Hören Sie, ich habe diese ewigen Gewinne satt. Wissen Sie, ich bin Pessimist und für das Paradies wohl eher nicht gemacht. In meinem Leben bin ich auch nicht besonders gut gewesen. Ehrlich gesagt habe ich eher damit gerechnet, in die Hölle zu kommen. Und wissen Sie was? Da werde ich jetzt auch hingehen!« Der Türsteher wirft Ihnen einen ernsten Blick zu und sagt: »Aber genau da sind wir!«

Literatur

Bierce, Ambrose: Aus dem Wörterbuch des Teufels. Insel, Frankfurt am Main 1966

Conen, Horst: Optimisten brauchen keinen Regenschirm. MVG, Landsberg am Lech 2001

Hartmann, Eduard von: Zur Geschichte und Begründung des Pessimismus. Adamant Media Corporation, Boston 2002

Hodgkinson, Tom: Anleitung zum Müßiggang. Heyne, München 2007

Horx, Matthias: Anleitung zum Zukunfts-Optimismus. Warum die Welt nicht schlechter wird. Piper, München 2009

Hüther, Gerald: Wie man sein Gehirn optimal nutzt (2 CDs mit Vorträgen). Weltbild, Augsburg 2008

Johnson, Spencer: Die Mäuse-Strategie für Manager. Veränderungen erfolgreich begegnen. Ariston, München 2000

Kets de Vries, Manfred: Führer, Narren und Hochstapler. Die Psychologie der Führung. Schäffer-Poeschel, Stuttgart 2008

Lepenies, Wolf: Melancholie und Gesellschaft. Suhrkamp, Frankfurt 2006

Marcuse, Ludwig: Pessimismus. Ein Stadium der Reife. Rowohlt, Reinbek 1953

Nöllke, Matthias: Machtspiele. Die Kunst, sich durchzusetzen. Haufe, Freiburg 2006

Nöllke, Matthias: Träume von der Unsterblichkeit, Hörfunksendung des Bayerischen Rundfunks (Sendedatum: BR 2, 11. Dezember 2003 , 20.05 – 21.30 Uhr)

Norem, Julie K.: Die positive Kraft negativen Denkens. Scherz, Bern/München/Wien 2002

Penzoldt, Ernst: Der dankbare Patient. Mit Zeichnungen des Patienten. Suhrkamp, Frankfurt 1997

Wilson, Eric G.: Unglücklich glücklich. Von europäischer Melancholie und American Happiness. Klett-Cotta, Stuttgart 2009

Register